Malen auf Stoff

EIN DORLING KINDERSLEY BUCH

Englische Erstausgabe bei:
Dorling Kindersley Ltd., London 1996

Titel der Originalausgabe:
FABRIC PAINTING

Copyright © 1996 Collins & Brown Limited
Text Copyright © 1996 Miranda Innes

Aus dem Englischen übersetzt von:
Elisabeth Großebner-Frank

© *der deutschen Übersetzung:*
Dorling Kindersley Ltd., London 1997

© *der vorliegenden Ausgabe:*
Mondo Verlag AG, Vevey/Schweiz 1997

Produktionsbetreuung:
Print Company Verlagsges.m.b.H.,
Margaretenstr. 87, 1050 Wien
Übersetzung: Mag. Elisabeth Großebner-Frank
Satz: Kaltenbrunner+Dorfinger OEG

Alle Rechte vorbehalten.
Jede Verwertung außerhalb der Grenzen
des Urheberrechtsgesetzes ist ohne Zustimmung
des Verlages unzulässig.
Das gilt insbesondere für Vervielfältigungen,
Übersetzungen, Mikroverfilmungen und die
Einspeicherung und Verarbeitung in elektronischen Systemen.
ISBN 2-88168-706-7

Druck und Bindung: Pollina, Frankreich

Inhalt

Vorwort 6
Grundmaterialien und Werkzeuge 8
Grundlegende Techniken 10

Malen und Färben

Einleitung 12
Dschungelimpression 14
Schicke Streifen auf Seide 18
Kräftige Karos 22
Tolle Tiermotive 26
Indigo und Rost 30
Zauberei auf Samt 34
Ideen zum Ausprobieren 38

Stoffdruck

Einleitung 42
Schablonierte Wappen 44
Transparente Seide 48
Einfacher Kartoffeldruck 52
Originelle Siebdrucke 56
Konfettibunte Seidentücher 60
Segeltuch für den Strand 64
Marmorierte Seide 68
Ideen zum Ausprobieren 72

Gutta- und Wachsreservage

Einleitung 76
Leuchtende Vierecke 78
Tropische Tiefsee 82
Kühle Batikbilder 86
Ideen zum Ausprobieren 90

Mitarbeiter 94
Index 95
Danksagung 96

MALEN AUF STOFF

Vorwort

WAS DEN MENSCHEN von anderen Lebewesen unterscheidet, ist seine Liebe zu Farben und Mustern. Als er noch im Adamskostüm umherlief, schmückte er sich mit Mustern aus Henna oder Asche. Als Filzherstellung und Weberei dem Menschen eine zweite Haut gaben, verschönerte er seine Kleider mit Perlen, Muscheln, Stickerei und Farbe, um sich von den anderen im Rang sichtbar abzuheben oder einfach, weil Muster und Farben grundlegende Bedürfnisse sind und Freude schenken.

Heute können wir dank fleißiger Wissenschafter und Erfinder auf jede Art von Gewebe Farbe auftragen, vom einfachen Indigotauchbad bis zur chemischen Zauberei mit Acrylfarben, die mit geringem Aufwand fixiert werden können. Grundsätzlich gibt es aber nur zwei Arten von Stoffarben. Farben auf Wasserbasis, die mit dem Bügeleisen fixiert werden (vorsichtig einige Minuten lang auf der Hinterseite des Gewebes einzubügeln), liegen sozusagen auf der Oberfläche des Stoffes auf. Mittels Dampf fixierte Farben (Reaktivfarbstoffe oder Säurefarbstoffe) durchdringen die Faser und brauchen eine professionelle Dampfbehandlung.

Smarte Streifen
Ein modischer Schal mit Streifen in Gelb, Braun und Rosa.

Bügelfixierte Farben auf Wasserbasis haben die Tendenz, das Gewebe etwas steif zu machen, aber das vergeht nach einigen Waschgängen. Farben auf Wasserbasis sind leicht erhältlich, einfach in der Handhabung und Mischung, völlig ungiftig und können auch von Kindern leicht angewendet werden. Sie sind für alle Naturfasern, wie Baumwolle, Seide und Leinen, sehr gut geeignet.

Dampffixierte Farben eignen sich hervorragend für Eiweißfasern wie zum Beispiel Seide, Wolle, Federn und Nylon. Sie haben mehr Glanz als Farben auf Wasserbasis. Als Farbstoffe (im Gegensatz zu Farben) bleiben sie nicht nur an der Oberfläche, sondern dringen ins Gewebe ein. Mittels Dampf fixierte Farben haben allerdings auch Nach-

Fischmotive
Unterwasserwelten lieferten die Inspiration für dieses gerahmte Batikbild.

Farbauftrag
Siebdruckfarbe wird großzügig mit dem Spachtel auf den Schwamm aufgetragen.

VORWORT

teile. Sie sind schwerer erhältlich, erfordern den Umgang mit mehr Chemikalien und Geräten und sind für manche Menschen allergieauslösend. Außerdem sind Profi-Dampföfen teuer und die Suche nach einer Firma, die das Dampfbehandeln Ihrer Stoffe übernimmt, kann sich schwierig gestalten. Vielleicht gibt es jedoch in Ihrer Nähe eine Fachschule für Textilverarbeitung, die Sie den Dampfofen benutzen läßt. Als Alternative bieten sich chemische Fixiermittel an, die den Dampf ersetzen. Dabei ist jedoch darauf zu achten, daß Sie die richtige Fixierung für den jeweiligen Farbstoff verwenden. Farbtöne ändern sich durch Dampfbehandlung, die Farben sind nämlich nicht völlig lichtecht und können später unter Sonneneinstrahlung ausbleichen. Die chemische Reinigung kann diese Farben länger schön erhalten.

Es gibt drei Möglichkeiten, das Auslaufen der Farben auf dem Stoff zu verhindern. Bei einem Motiv mit betonten Konturen können Sie mit Gutta- oder Wachsreservage arbeiten. Bei dünnem Farbauftrag verwenden Sie am besten eine Grundierung (sie sollte für die gewählte Farbe geeignet sein). Verteilen Sie die Grundierung mit einem breiten Pinsel oder einem Schwamm großzügig und gleichmäßig über den Stoff. Dadurch entsteht eine papierartige Oberfläche, auf der Sie zeichnen und malen können. Wollen Sie eher einen an Ölfarbe erinnernden Effekt erzielen, so mischen Sie Ihre Farbe mit einem Verdickungsmittel. Damit wird sie zum idealen Medium für Druck, Schablonieren oder Bearbeitung mit einem Schwamm. Zum Farbauftrag auf Stoff eignet sich jede Art von Pinsel, es gibt aber auch ungewöhnliche Alternativen wie Watte, Wattestäbchen oder abgenutzte Badeschwämme.

Fangen Sie klein an, mit geringen Kosten und überschaubaren Projekten, bis Sie den Dreh heraus haben. Und vor allem: Experimentieren macht Spaß!

Eine kleine Warnung zum Schluß: Tragen Sie immer Handschuhe und eine Schutzmaske und arbeiten Sie in einem gut belüfteten Raum, wenn Sie mit Chemikalien umgehen. Befolgen Sie die Gebrauchsanleitung und bleiben Sie bei einer Methode: Die Mittel für das Arbeiten mit Farben auf Wasserbasis sind ebenso aufeinander abgestimmt, wie jene für mittels Dampf fixierte Farben, und daher nicht austauschbar.

Punkte und Quadrate
Kräftigen Vierecke und zarte Punkte aus orangefarbenem und rotem Säurefarbstoff auf fließendem Chiffon.

Rosteffekte
Indigofarbstoff und Rost verbinden sich zu einem ungewöhnlichen Streifenmuster.

Plakatives Plissee
Durch Plissieren oder Falten lassen sich einfach Muster kreieren.

MALEN AUF STOFF

Grundmaterialien und Werkzeuge

BEVOR SIE BEGINNEN, sollten Sie den Stoff zunächst waschen und bügeln. Die Appretur muß entfernt werden, weil sonst die Farbe nicht hält. Vergessen Sie beim Arbeiten mit Farbe und Farbstoffen nicht, alte Kleidung zu tragen (bei manchen Farbstoffen sind Gummihandschuhe und Schutzmaske erforderlich) und alle Arbeitsflächen vor den unvermeidlichen Klecksen zu schützen.

Der Malgrund muß flach sein, Küchentische sind die ideale Unterlage. Breiten Sie eine Folie mit Klebeband auf, die Sie festkleben. Dann legen Sie eine Decke oder einen Baumwollüberwurf über die Tischplatte und befestigen Sie sie. Vergewissern Sie sich, daß der zu bearbeitende Stoff nicht verknittert ist, legen Sie ihn auf die gepolsterte Oberfläche und stecken Sie ihn fest.

Abdeckband

Reißnägel

Dreizackstifte

Spannkrallen

◀ **Klebebänder**
Befestigen Sie den Stoff mit Klebeband auf der Arbeitsfläche; Kreppband kann beim Malen auch zum Abdecken verwendet werden. Beim Siebdruck braucht man braunes Verpackungsband. Kleben Sie das angefeuchtete Klebeband um die Kanten der Seidengaze, um ein Durchsickern der Farbe zu verhindern.

▼ **Stifte und Markierhilfen**
Zeichnen Sie das Motiv mit Bleistift, Pastellkreide oder Filzstift. Übertragen Sie es mit Schneiderkreide auf den Stoff. Seidenkonturenstifte können, wie der Name sagt, zum Konturenzeichnen auf Seide verwendet werden.

▲ **Stecknadeln und Reißnägel**
Stecken Sie den aufgespannten Stoff mit Reißnägeln oder Dreizackstiften an einen Seidenmalerei- oder Batikrahmen aus Holz. Einen schmalen Stoffstreifen können Sie mit Spannkrallen am Rahmen befestigen.

▼ **Pinsel**
Zum Stoffmalen können Sie jeden Pinsel verwenden. Schwammpinsel eignen sich für großflächigen, dünnen Farbauftrag, Künstlerpinsel für Details.

Braunes Verpackungsband

Diverse Malpinsel

Schwammpinsel

Schneiderkreide

Filzstift

Pastellkreide

Seidenkonturenstift

Bleistift

Gummi-rakel

Siebdruckrahmen

Kartoffel

Holzrahmen

Polystyrol-Druckplatte

Linoleum

Natur- und Schaumstoffschwämme

Schablonenkarton

Azetatfolie

Farbwalze

▶ Druck- und Reservagewerkzeug

Drucken können Sie mit einer geschnitzten Kartoffel, einer Polystyrol-Druckplatte oder einem Stück Linoleum. Druckstöcke färben Sie mit der Farbwalze ein. Schwämme sind für das Schablonieren gedacht, Seidengaze und Rakel für den Siebdruck. Mit dem Tjanting wird beim Batiken heißes Wachs in dünnen Linien auf den Stoff aufgetragen. Beim Seidenmalen wird Gutta als Reservage verwendet.

Linolschnittmesser

Tjanting

Gutta-Applikator

▶ Stoffarben und Farbstoffe

Es gibt zwei Arten von Farben. Farben auf Wasserbasis bleiben an der Stoffoberfläche und werden durch Bügeln fixiert. Sie sind einfach in der Anwendung, die Farben sind brillant und dauerhaft. Reaktivfarbstoffe dringen in die Fasern ein, haben mehr Glanz als Bügelfarben und werden mittels Dampfbehandlung fixiert.

Stoffarben

Wachs

▼ Stoffe

Auf beinahe jedem Stoff kann mit Farbe gestaltet werden. Für Leinen, Rayon, Viskose, Baumwolle, Seide und Wolle können Bügelfarben verwendet werden. Dampffixierte Farbstoffe wirken am besten auf Seide, Wolle und Nylon. Leichte Stoffe wie Seide eignen sich hervorragend für Tücher, festere Gewebe wie Segeltuch für Sitzbezüge und Taschen.

Diverse Stoffe

Lineal

Maßband

Grundlegende Techniken

FÜR DIE STOFFGESTALTUNG mit Farben gibt es zahlreiche Techniken. Der Siebdruck gehört zu den komplexeren Verfahren. Bei dieser Methode wird feinmaschige Seidengaze über einen Holzrahmen gespannt (siehe unten). Die Farbe wird mit einer Gummirakel durch eine Schablone auf die Gaze aufgebracht und von dort auf den Stoff gedruckt. Dabei kann eine auf die Gaze geklebte Papierschablone (siehe S. 58) oder eine darauf belichtete Photoschablone (siehe S. 28) verwendet werden.

Siebdruck

Für die Photoschablone muß zunächst das gewünschte Motiv auf Azetatfolie übertragen werden. (Legen Sie die Folie manuell in das Kopiergerät ein, der automatische Einzug könnte sie schmelzen lassen.) Bringen Sie die Folie und den Siebdruckrahmen in eine Druckerei, wo das Motiv auf die Gaze übertragen werden kann. Diese Photoschablone bleibt permanent auf der Gaze, bis Sie diese abnehmen bzw. das Motiv ändern.

Ist die Schablone befestigt, befeuchten Sie braunes Verpackungsband und kleben es rund um den Rahmen. Legen Sie den Rahmen so auf den Stoff, daß die Seidengaze auf diesem aufliegt und richten Sie ihn nach allfälligen Markierungen (Rapport) aus (siehe unten). Gießen Sie Farbe entlang der Oberkante der Gaze, setzen Sie die Gummirakel auf, und ziehen Sie sie über das Netz zu sich, wobei sie fest und gleichmäßig aufdrücken, um die Farbe durch den Schablonenbereich im Netz zu drücken. Sind Sie an der unteren, Ihrem Körper am nächsten gelegenen Kante angelangt, führen Sie die Rakel wieder zur Oberkante. Heben Sie den Rahmen hoch und waschen Sie das Netz mit einem Schwamm und kaltem Wasser aus, bis alle Farbreste entfernt sind. Wenn die Farbe nämlich auf der Seidengaze antrocknet, kann sie nicht mehr verwendet werden.

So macht man einen Siebdruckrahmen

1 *Mit Feinsäge und Gehrungslade eine Holzleiste in vier gleiche Teile schneiden. Die Enden mit Hilfe der Gehrungslade gegengleich abschrägen, so daß sich die Gehrungen an den vier Ecken aneinanderfügen lassen.*

2 *Die Ecken abschleifen und Holzleim auftragen. Zu einem Rahmen zusammenfügen und die Ecken mit Klammern fixieren. Durch Aufschrauben eines Winkelverbinders verstärken. Den Rahmen etwa 12 Stunden lang ruhen lassen.*

3 *Den Rahmen mit zwei Schichten farblosem Lack streichen, wobei die erste Schicht vor dem Auftragen der zweiten gut getrocknet sein muß. Ein Stück Seidengaze über den Rahmen spannen, auf einer Seite über die ganze Leistenlänge anheften.*

GRUNDLEGENDE TECHNIKEN

Wollen Sie ein Motiv wiederholen, markieren Sie die Ränder des Einzelmotivs mit Bleistift auf der Gaze. Die Markierungen helfen Ihnen, das Muster gleichmäßig auf dem Stoff zu verteilen.

Mustergestaltung

Muster aus gleichen Motiven erhalten Sie, indem Sie ein Motiv mit einem schwarzen Filzstift auf Papier zeichnen und es mehrmals photokopieren. Schneiden Sie die Motive sorgfältig aus und legen Sie sie auf Papier aus. Legen Sie eine Azetatfolie darüber und ziehen Sie das Muster nach. Von dieser Folie kann eine Photoschablone angefertigt werden.

Muster aus abstrakten Motiven erhalten Sie so: Zeichnen Sie zunächst wirre Linien, die ein Quadrat oder Rechteck ausfüllen. Schneiden Sie die Zeichnung in der Mitte entlang einer vertikalen Wellenlinie durch. Drehen Sie die beiden Hälften um, so daß die Wellenlinien außen liegen und kleben Sie die beiden Teile auf der Rückseite zusammen. Schneiden Sie dieses Motiv jetzt entlang einer horizontalen Wellenlinie durch. Drehen Sie diese Hälften und kleben Sie sie mit den anderen Hälften zusammen.

Der Entwurf sollte jetzt vier Ränder aus Wellenlinien haben. Photokopieren Sie ihn mehrmals, schneiden Sie die Kopien aus und kleben Sie sie an den passenden Wellenlinien zusammen. Das Ergebnis sollte ein fortlaufendes Muster sein.

Farben und Farbstoffe fixieren

Die meisten Farben und Farbstoffe müssen entweder durch Bügeln oder Dampfbehandlung fixiert werden, damit sie nicht auslaufen. Befolgen Sie stets die Gebrauchsanweisung des Herstellers.

Zur Dampffixierung brauchen Sie einen eigenen Dampfofen oder eine Firma, die das Dämpfen für Sie übernimmt. Kleine Stoffstücke können Sie auch im Druckkochtopf dämpfen. Legen Sie das Stoffstück auf Baumwolle und rollen Sie die beiden Schichten zusammen. Schlagen Sie die Enden ein und befestigen Sie sie. Gießen Sie 2–3 cm hoch Wasser in den Topf. Legen Sie die Rolle in einen Metallkorb und hängen Sie diesen über dem Wasser auf. Bedecken Sie den Korb mit Papier und Folie, schließen Sie den Deckel und lassen Sie alles 45 Minuten lang kochen.

4 *Die über den Rahmen gespannte Gaze muß faltenfrei sein und darf nicht durchhängen. Über die verbleibenden drei Seiten ziehen und rund um den Rahmen gut an die Leisten heften – dabei empfiehlt sich ein Helfer.*

5 *Die überstehenden Enden der Gaze einschlagen und alles durch Anheften der zusammengefalteten Enden versäubern. Wird die Gaze beschädigt, einfach Klammern entfernen, eingeschlagene Gaze verschieben und wieder anheften.*

6 *Angefeuchtetes braunes Verpackungsband auf alle vier Rahmenseiten kleben – auf der Seite, wo Farbe aufgetragen wird. So kann keine Farbe zwischen den Gazekanten und dem Rahmen durchsickern.*

Malen und Färben

....

Ob Sie nun einen nach Landluft riechenden Eimer voll Indigo oder einen dicken Anstreicherpinsel voller Farbe verwenden – Malen und Färben sind simple Verfahren, mit denen Sie rasch und unkompliziert Textilien von klassisch-orientalischer Einfachheit oder moderner Eleganz herstellen können. Sie können jede Art von Stoff, vom noblen Japon zum weichen Wollfilz oder groben Segeltuch, damit verändern und alles, vom zarten Tuch bis zur dicken Decke, verschönern. Stoffmalen und Stofffärben sind die einfachsten Techniken und erfordern nur wenige Werkzeuge. Alles, was Sie auf diese Weise herstellen, ist einzigartig und lebendig in Textur und Charakter. Oft ist das einfachste Motiv das beste: Ihr erstes Stück könnte ein Seidenschal sein, auf den Sie etwas so Simples wie breite Streifen in Orange und Scharlachrot malen.

MALEN UND FÄRBEN

Dschungelimpression

MATERIAL
Buntpapier
Pastellkreide
Baumwollstoff
Fertigpigmente

WERKZEUGE
Schere
Bügeleisen
Saugfähiger Stoff
Abdeckband
Künstlerpinsel

ANGELEHNT AN GEMÄLDE von Rousseau und Matisse wird diese Rolljalousie in erster Linie extrovertierte Menschen ansprechen. Es macht Spaß, freihändig zu malen und erfordert eher Nonchalance als Genauigkeit. Die Jalousie macht aus Ihrem Fenster etwas ganz Besonderes und kostet nicht viel mehr als ein Stück Kattun.

Das Motiv entsteht wie eine Buntpapiercollage: Man spielt mit Farben und einfachen Formen. Dadurch kann die Gestaltung der Jalousie im kleinen ausgearbeitet werden, ohne daß Sie sich festlegen müssen. Statt der Dschungelpflanzen könnten Sie auch einen Schwarm bunter Fische für das Badezimmer oder eine Blumenwiese für die Küche malen. Gleiche Motive kann man mit einer Schablone auftragen oder die Farbe mit dem Schwamm auftupfen, um eine charakteristische Textur zu erzielen.

Vergessen Sie nicht, daß Sie die Seiten einschlagen müssen, und denken Sie an ein paar Zentimeter Überlänge für Saum und Rollenbefestigung. Die fertige Jalousie können Sie mit Appretur schützen. Sie könnte dabei allerdings leicht einlaufen.

Schöne Aussicht
Bunte Blätter auf der Jalousie sind das beste Mittel gegen einen deprimierenden Blick aus dem Fenster. Hobbygärtner malen sich einen Kräutergarten für das Küchenfenster, liebevolle Eltern schenken dem Nachwuchs eine Wiese voller Pferdchen und Schmetterlingsforscher lassen sich von Admiral und Co. inspirieren.

Blattwerk-Variationen
Mit verschiedenen Farben läßt sich ein Motiv wunderbar variieren. Probieren Sie es zunächst mit Buntpapier und wählen Sie die Farben für die Jalousie passend zu Ihrer Einrichtung.

MALEN UND FÄRBEN

So malen Sie auf Kattun

Halten Sie sich ungefähr an die ausgeschnittenen Formen und wagen Sie sich nun an den Pinsel. Die Rohmaterialien kosten wenig, seien Sie also nicht zaghaft!

Pastellkreide und Buntpapier

Kattun

Fertigpigmente

1 Muster entwerfen, indem Sie die Einzelmotive auf Papier zeichnen; verwenden Sie dabei Buntpapier in jenen Farben, mit denen Sie malen wollen. Pastellkreiden wirken ähnlich wie Pinselstriche. Motive ausschneiden.

2 Die ausgeschnittenen Motive auf Papier auslegen. Das auffallende Muster auf unserem Bild basiert auf Blattmotiven. Die Papiervorlage dient als Orientierung beim Malen.

3 Kattun zuerst waschen, trocknen und bügeln, damit er nicht ungleichmäßig einlaufen kann. Material auf einer mit saugfähigem Stoff abgedeckten Arbeitsfläche auflegen. Gut spannen und mit Kreppband festkleben. Auf einem Stoffrest einige Pinselstriche üben. Wenn Sie sich sicher fühlen, beginnen Sie, die Motive mit Fertigpigmenten auf den Stoff aufzutragen.

4 Muster langsam aufbauen: zuerst die Umrisse auftragen und diese dann in Kontrastfarben ausmalen. Die Technik des freien Malens eignet sich für die großflächigen, einfachen Formen im Bild; strahlende Farben wirken am besten. Zuerst die großen Motive malen, um den Bildaufbau festzulegen, dann die kleinen Blätter in den Zwischenräumen plazieren.

DSCHUNGELIMPRESSION

5 Sind die Grundformen fertiggestellt, füllen Sie die weißen Bereiche dazwischen mit kraftvollen Pinselstrichen und dicken Farbpunkten. Hier wurden blaue und gelblich-grüne Farbe aufgetragen, die an Grasbüschel erinnern soll.

6 Nach Abschluß der Malarbeit Stoff trocknen lassen und Farben fixieren, indem Sie das Bügeleisen auf mittlerer Stufe in ständiger Bewegung halten, so daß keine Spuren auf dem Gewebe zurückbleiben.

7 Der Stoff kann nun zu einer Rolljalousie verarbeitet werden. Aus Stoffresten können Sie passende Kissenbezüge machen.

MALEN UND FÄRBEN

Schicke Streifen auf Seide

MATERIAL
Waschseide
Abdeckband
Säurefarbstoffe und
Verdickungsmittel
(Gebrauchsanweisung
beachten)
Wasser
Mildes Waschmittel

WERKZEUGE
Schere
Maßband
Anstreicherpinsel
Haartrockner
(nicht zwingend)
Künstlerpinsel
Baumwollstoff
Dampfofen

KRÄFTIGE FARBEN in einer kühnen Kombination mit klaren Streifenmustern auf einem Schal von simpler Eleganz. Ein brillantes Blau wie ein tropischer Nachthimmel kontrastiert mit handgemalten Streifen in Anilingelb, warmer Terracotta und Himmelblau. Kreppband ist die einfachste Lösung, um ein Verlaufen der Farben zu verhindern; das Abdecken von geradlinigen geometrischen Formen ist damit ein Kinderspiel. Das Muster wirkt nicht durch die Genauigkeit der Ausführung, sondern durch die Kontraste.

Die vollen, starken Farben, die Handfestigkeit und der reiche Faltenwurf des fertigen Schals kommen von der schweren Waschseide, die verwendet wurde. Hier muß das Muster zweimal aufgetragen werden, da die Farbe den dicken Stoff zunächst nicht durchdringen kann. Wenn Sie diesen Aufwand nicht betreiben wollen, können Sie dünnere Seide wählen, bei der eine einmalige Färbung genügt. Der Schal wird dann zart, die Farben werden brillant.

Starker Schal
Ungleichmäßige Streifen in malerisch aufgetragenen Farben machen diesen Schal zu einem modischen und doch ein wenig nostalgischen Accessoire. Ein selbstgemachtes Designerstück, zu weißem Leinen und mit Nonchalance zu tragen.

Streifen nach Strich und Faden
Die Streifen brauchen keineswegs symmetrisch zu sein oder nur in einer Richtung zu verlaufen. Je besser Sie eingearbeitet sind, desto eher werden Sie freihändig malen.

MALEN UND FÄRBEN

So malen Sie auf Seide

Mit einer Rolle Kreppband, einem breiten Pinsel und Säurefarbstoffen können Sie in strahlenden, unverdünnten Farben schwelgen.

Abdeckband und Waschseide

Säurefarbstoff mit Verdickungsmittel

1 *Waschseide in der Länge eines Schals zuschneiden. Auf der Arbeitsfläche auflegen und an allen Seiten mit Kreppband befestigen. An beiden Enden des Schals über je 30 cm Kreppband im Abstand von 2,5 cm quer über den Stoff kleben. Die Klebebänder müssen nicht unbedingt völlig gerade und gleichmäßig plaziert sein. Unregelmäßigkeiten tragen zum Gesamteffekt bei.*

2 *Den Farbstoff auf einem Stoffrest ausprobieren. Mit einem Anstreicherpinsel den blauen Farbstoff über die Seidenoberfläche verteilen. Arbeiten Sie gleichmäßig von rechts nach links, geschwungene Pinselstriche verleihen der Farbe Textur. 30 Minuten trocknen lassen oder mit dem Haartrockner fönen. Die aufgeklebten Streifen abziehen, darunter wird die weiße Grundfarbe sichtbar (kleines Bild).*

3 *Mit dünnem Pinsel die vier weißen Streifen, die der Schalmitte am nächsten sind, mit blau-schwarzem Farbstoff ausmalen. Die übrigen Streifen werden gelb ausgemalt. Die feuchte Farbe wirkt zunächst orangefarben.*

4 *In die Streifen Details für zusätzliche Farbeffekte einarbeiten. Rosa Striche und Punkte in die orange-gelben Streifen setzen. Die Seide 30 Minuten lang trocknen lassen oder mit dem Haartrockner fönen.*

SCHICKE STREIFEN AUF SEIDE

5 *Das Kreppband von den Rändern des Schals abziehen. An dieser Stelle sind die Streifen noch immer weiß.*

6 *Den Außenrand passend zu den Streifen und als Kontrast zur blauen Farbe des Schals gelb bemalen. Die Seide 30 Minuten lang trocknen lassen oder mit dem Haartrockner fönen.*

7 *Den Stoff umdrehen. Die Farbe ist auf der Rückseite unregelmäßig sichtbar. (Bei dünner Seide durchdringt die Farbe den Stoff vollständig.) Die Streifen und den Rand mit Kreppband abdecken und bemalen wie die Vorderseite. Trocknen lassen.*

8 *Die bemalte Seide flach auflegen. Baumwollstoff darauflegen und die Seide um die Baumwolle aufrollen (damit die bemalten Stellen einander nicht berühren und die Farben nicht verlaufen). Zur Farbfixierung 45 Minuten lang dämpfen. Mit kaltem Wasser abspülen. Falls der Stoff weiterhin Farbe läßt, mit mildem Waschmittel waschen. Noch einmal spülen und trocknen lassen.*

MALEN UND FÄRBEN

Kräftige Karos

MATERIALIEN
Schwere Wolldecke
Säurefarben mit
Verdickungsmittel
(Gebrauchsanweisung
beachten)
Wasser
Mildes Waschmittel

WERKZEUGE
Abdeckband
Schneiderkreide
Metallineal
Diverse Pinsel
Haartrockner
Stoffunterlage
Dampfofen
Wäscheschleuder

Diese Decke wird nicht im Schrank schlummern. Sie ist nicht nur Farbtupfer und Aufputz, sondern auch warm und angenehm. Genau das Richtige an kalten, grauen Wintertagen! Die einzelnen Elemente der Musterung sind unglaublich simpel – Quadrate und Streifen, dazu Motive, die Kinder beim Malen mit Fingerfarben wählen: Kleckse, Wellenlinien, Kringel. Daraus ergibt sich ein außergewöhnlicher Überwurf, der sich auf einer modernen Couch genauso gut macht wie im Schlafzimmer eines Landhauses.

Das unregelmäßige, freihändig gemalte Muster des Überwurfs wird durch die scheinbar willkürliche Anordnung der Motive unterstrichen; vergessen Sie alles, was Sie je über Symmetrie gehört haben – hier regieren Spontaneität und fröhliches Chaos. Auch unübliche Farbkombinationen sollten Sie ohne Gewissensbisse ausprobieren; allzu oft hat man Geschmackvolles im Sinn und erzielt letztendlich nur Langweiliges. Der schwere Stoff saugt die Farben auf wie ein Schwamm und ist vor dem Dämpfen hart wie ein Brett, hat danach aber die Weichheit und die gedeckte Farbgebung von Wildleder.

Ein gelungener (Über)Wurf
Mit Streifen, Bordüren und abwechslungsreicher Musterung in kräftigen Farben ist dieser Überwurf ein toller und einfach zu machender Blickfang.

Gut getroffen
Diese Wolldecken wurden freihändig bemalt und sind daher weniger streng in der Linienführung als die gegenüber abgebildete Decke. Die ausgeprägten Pinselstriche wirken sehr kraftvoll.

MALEN UND FÄRBEN

So malen Sie auf Wolle

Fassen Sie sich ein Herz – das Schlimmste an diesem Überwurf ist die Größe. Das Bemalen ist ein Kinderspiel. Machen Sie sich keine Sorgen, wenn die Farben in trockenem Zustand stumpf erscheinen. Erst das Dämpfen bringt sie voll zur Geltung.

Wolldecke

Säurefarbstoffe mit Verdickungsmittel

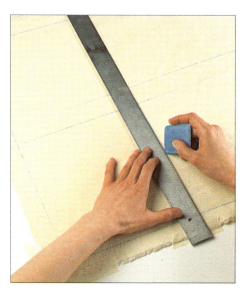

1 Die Ränder der Wolldecke mit Kreppband auf der Arbeitsfläche fixieren, so daß der Stoff glatt aufliegt. Quadrate und breite Streifen mit Schneiderkreide und Metallineal aufzeichnen.

2 Den Farbstoff auf dem Stoff abschnittweise auftragen. Der dicke Stoff läßt die Pinselstriche nicht erkennen, Sie können also in allen Richtungen pinseln.

3 Die Konturen mit verschiedenen Farben weiter ausmalen. Wenn sich Farben über die Grenzen der Felder hinaus in andere ausbreiten, so ergibt das einen zusätzlichen Effekt.

4 Das Abdeckband von den Stoffkanten entfernen und die Ränder ausmalen. Den Stoff mit einem Haartrockner trocknen. Die dicke Wolldecke wäre sonst erst nach mehreren Tagen trocken.

KRÄFTIGE KAROS

5 Mit schwarzer Farbe Details auf den Stoff aufmalen. Große, willkürlich verteilte Kleckse erzielt man mit einem dicken, abgerundeten Pinsel.

6 Für Kringel und kleine Punkte verwenden Sie am besten einen kleineren Künstlerpinsel. Lassen Sie den Stoff wieder trocknen, entweder an der Luft oder verwenden Sie den Haartrockner.

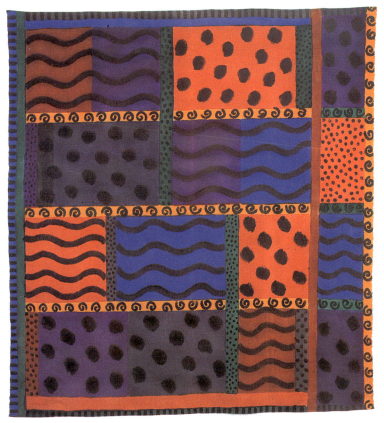

7 Den Stoff in eine Stoffunterlage einschlagen und 45 Minuten zum Fixieren im Dampfofen behandeln. Kalt spülen, bis er keine Farbe mehr läßt, dann mit mildem Waschmittel waschen und spülen. Schleudern und trocknen.

MALEN UND FÄRBEN

Tolle Tiermotive

MATERIALIEN
Papier
Azetatfolie
Japon
Braunes Verpackungsband
Reaktivfarbstoffe auf Kaltwasserbasis
Wasser
Mildes Waschmittel

WERKZEUGE
Farbölkreiden
Photokopiergerät
Papierkleber
Schwarzer Konturenstift
Gaze
Saugfähiger Stoff
Abdeckband
Rakel
Schwamm
Dampfofen
Bügeleisen
Künstlerpinsel
Färbebad
Gummihandschuhe

SCHICHTWEISER FARBAUFTRAG VERLEIHT dieser bedruckten und handbemalten Seide strahlende Intensität und Energie. Obwohl die ursprünglichen Grundfarbstoffe blau sind, verwandelt sie das Zinnoberrot wie durch Zauberei in einen dunklen, unbestimmbaren Farbton. Pastellkreiden sind nützliche Hilfsmittel zum Ausprobieren von Farbmischungen. Sie sind ebenso strahlend wie Farbstoffe und können in Schichten aufgetragen werden, wodurch sich die Farbmischung testen läßt.

Die verschlungenen Rüssel und Stoßzähne wurden mit einer Photoschablone (siehe S. 10) auf schwere Seide gedruckt. Sie können jedes Bild – einfach oder kompliziert – nach Lust und Laune abzeichnen, beliebig oft wiederholen und dabei mit Schattierungen oder dickeren Konturen variieren, um bestimmte Aspekte zu betonen. Mit den großen Abständen und dem kraftvoll-malerischen Stil, den unser Bild zeigt, wird das Motiv fast zur Abstraktion und zum Teil einer dichten Textur. Auf blasseren und gleichmäßigeren Farben treten die schwarzen Konturen stärker hervor. Hier ist die Präzision der Feind der Spontaneität. Also lassen Sie sich gehen und führen Sie den Pinsel locker.

Krawattenkunst
Zinnoberrote Elefanten als Abwechslung in der Welt der Clubkrawatten hinterlassen zweifellos einen starken Eindruck. Das Elefantenmuster darf jedoch nicht überstrapaziert werden – rosa Rüsseltiere erinnern womöglich an übermäßigen Alkoholgenuß.

Tierisch buntes Treiben
Der Stoff muß nicht im Tauchbad gefärbt werden – hier wurden die Tierfiguren auf Farbflecken gemalt: die Ziegen mit transparenten Farben, die Elefanten in intensivem Kobaltblau und Zinnoberrot.

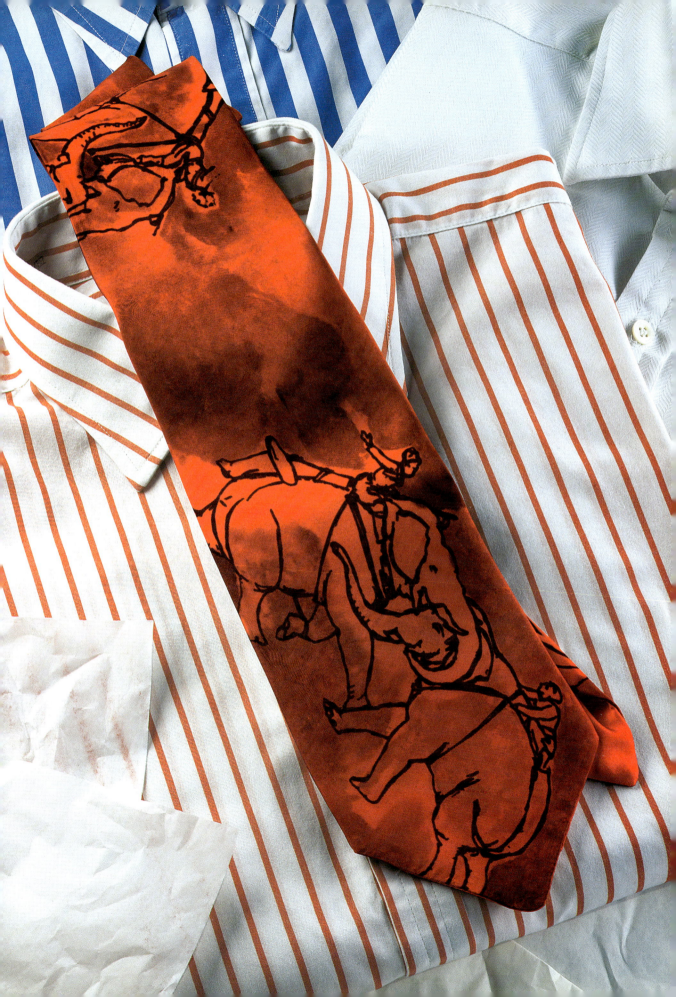

MALEN UND FÄRBEN

So färben Sie die Seide

Hier können Sie alles ausprobieren: von der Präzisionsarbeit der Photoschablone zur lebhaften Textur handgemalter Farben und zur satten Intensität des Färbetauchbads.

Azetatfolie und Papier

Japon

Reaktivfarbstoff auf Kaltwasserbasis

1 *Ein Motiv für den Stoff zeichnen. Das Motiv im Bild basiert auf Darstellungen von Elefanten, Sie können auch etwas Einfacheres auswählen. Mit Öl- oder Pastellkreiden verschiedene Farbmischungen testen.*

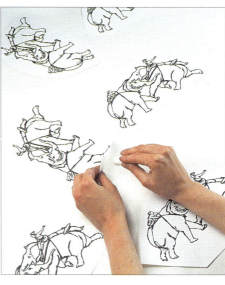

2 *Photokopien des Motivs als Muster auf Papier kleben. Das Muster mit Konturenstift auf Azetatfolie übertragen. Folie und Siebdruckrahmen (siehe S. 10) in eine Druckerei bringen, wo man Photoschablonen macht.*

3 *Ein Stück Japon auf saugfähigem Stoff auf der Arbeitsfläche aufspannen und mit Kreppband befestigen. Die Kanten des Holzrahmens und die Gazeränder mit befeuchtetem Verpackungsband bekleben, den Rahmen auf den Stoff legen (siehe S. 10). An der Oberkante schwarze Farbe auftragen, den Stoff (siehe S. 10) durch Hin- und Herbewegen der Rakel bedrucken. Die Gaze gut auswaschen.*

4 *Zur Fixierung des Farbstoffes den Stoff 20 Minuten lang dämpfen, dann kalt auswaschen, bis keine Farbe mehr abgegeben wird. Noch einmal waschen und spülen, dann trocknen und bügeln. Straff auf der Arbeitsfläche befestigen. Mit Pinsel und blaßblauer Farbe Farbtupfer um die Motive anbringen. Die Pinselstriche werden im fertigen Stoff sichtbar sein und ihn zusätzlich strukturieren.*

TOLLE TIERMOTIVE

5 Den Stoff trocknen lassen, dann an beliebigen Stellen dunkelblaue Farbe verteilen, wobei der Hintergrund und Teile der Motive ausgemalt werden. Wieder den Pinsel in verschiedenen Richtungen führen, so daß viele sichtbare Pinselstriche zurückbleiben. Den Stoff wie in Punkt 4 dämpfen und waschen.

6 Nach Gebrauchsanweisung ein rotes Färbebad vorbereiten. Die bemalte Seide mit Gummihandschuhen in das Bad tauchen. 15 Minuten lang bei geringer Hitze köcheln lassen, dabei ständig umrühren, um eine gleichmäßige Farbverteilung zu erzielen. Den Stoff herausnehmen und in kaltem Wasser spülen, bis er keine Farbe mehr abgibt.

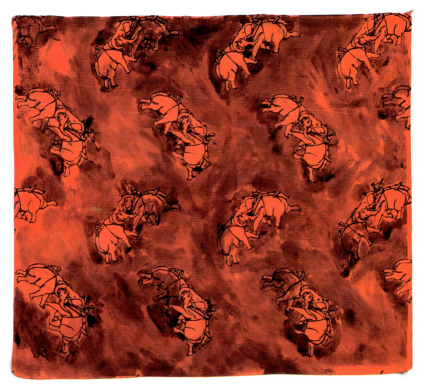

7 Den Stoff in mildem Waschmittel waschen und wieder spülen, bis das Spülwasser klar ist. Trocknen lassen und zuletzt bügeln. Der gefärbte und bedruckte Stoff kann nun zu einer Krawatte verarbeitet werden.

MALEN UND FÄRBEN

Indigo und Rost

MATERIALIEN

Indigofarbstoff
(aus kalzinierter Soda,
Wasser, Natrium-
hydrosulfit und
Indigokörnchen)
Bouretteseide
Mildes flüssiges
Waschmittel
Abdeckband
Eisen(II)sulfatkristalle
Wasser
K-Salz
Stoffconditioner

WERKZEUGE

Schutzmaske
Eimer mit Deckel
Klarsichtfolie
Bügeleisen
Gummihandschuhe
2 Pinsel

INDIGO IST VERMUTLICH der universellste und gleichzeitig geheimnisvollste Farbstoff. Sieht man vom starken Geruch ab, ist die seltsame Alchemie, die aus der Verbindung von Indigo und Sauerstoff entsteht, wohl unübertroffen: simples weißes Tuch wird strahlend blau. Indigo ist auch einer der am wenigsten schädlichen Farbstoffe, ebenso wie Eisen(II)sulfat (auch als Rost bekannt) und K-Salz.

In Afrika verwendet man Maniokpaste als Reservage für lebhafte Muster, die auf Stoff gezeichnet werden, so daß an diesen Stellen die Farbe nicht in das Gewebe eindringt. In Malaysia werden mit einem federkielartigen Instrument namens Tjanting komplexe Reservagemuster aus Wachs gezeichnet. Unser Entwurf ist eine modernisierte Version jener Bindetechnik, die vor allem von japanischen Textilien inspiriert ist. Die Färber, die in Indien damit arbeiten, binden tausende winziger Knoten zu traditionellen Mustern, wie etwa zarte feuerwerksartige Kompositionen – das Ergebnis ist unglaublich. Dazu braucht es allerdings Zeit und jahrelange Erfahrung, die die meisten Amateure nicht haben. Das Färben von Stoffen durch Abbinden sorgsam gelegter Falten ist jedoch relativ einfach und ergibt originelle und elegante Effekte.

Blaue Stunde
Ein modischer Schal von schlichter Eleganz. Der Blauton wird dunkler, je öfter der Stoff in das Indigobad getaucht und an der Luft getrocknet wird. Ein Vorteil von Naturfarben ist, daß das Kochen oder Dämpfen zur Fixierung wegfällt, ein Verfahren, durch das empfindliche Stoffe geschädigt werden können.

Die hohe Kunst des Knotens
Die primitive Technik des Faltens, Abbindens, Färbens und Bemalens führt zu unvorhersehbaren und interessanten Ergebnissen. Diese Beispiele zeigen die Nuancen, die mit nur drei Farbstoffen erzielt werden können.

MALEN UND FÄRBEN

So färben Sie die Seide

Färben mit Indigo ist nichts für Ungeduldige oder Zimperliche. Es ist ein erdverbundener, organischer Prozeß, umweltfreundlich und von unvergleichlichem Zauber.

Bouretteseide

Indigofarbstoff, Eisen(II)sulfat und K-Salz

Abdeckband und starkes Nylongarn

1 Mit Schutzmaske Indigofarbstoff zubereiten: 40 g kalzinierte Soda mit einem halben Eimer handwarmem Wasser mischen, 20 g Natriumhydrosulfit und 20 g Indigokörnchen einrühren. Eimer mit heißem Wasser auffüllen, mit Klarsichtfolie und Deckel verschließen. Zwei Stunden ziehen lassen. Seide mit mildem Waschmittel waschen. Trockene Seide in 5 cm breite Plisseefalten bügeln.

2 Den gefalteten Stoff schlangenförmig zu einem ca. 15 cm langen Bündel zusammenlegen. Die äußeren Enden des Bündels mit Kreppband überkleben, so daß die Falten zusammengehalten werden (siehe kleines Bild).

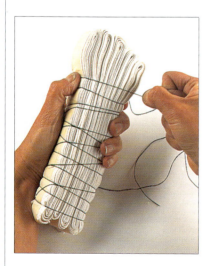

3 Von der Mitte aus das Bündel in Abständen von jeweils 12 mm rundum mit starkem Nylongarn umwickeln. Die beiden Garnenden fest zusammenbinden. Je fester die Enden gebunden werden, desto ausgeprägter wird das Muster.

4 Mit Gummihandschuhen den zusammengebundenen Stoff 10 Sekunden lang in den Eimer mit Indigofarbstoff tauchen. Dann für 2 Minuten herausheben. In dieser Zeit verfärbt sich der Stoff blau. Noch einmal 10 Sekunden lang eintauchen und wieder herausheben.

5 Das Garn öffnen und das Kreppband entfernen. Auf dem entfalteten Stoff spielt sich ein interessanter Farbwechsel ab. Zunächst erscheinen einige Sekunden lang gelbe Streifen, bis der Farbstoff mit dem Sauerstoff in der Luft zu reagieren beginnt.

INDIGO UND ROST

6 Nach einigen Sekunden geht die Farbe in einen Grünton und nach weiteren Sekunden in Blau (siehe kleines Bild) über. Der Farbwechsel von Gelb zu Blau dauert nur etwa 30 Sekunden. Stoff trocknen lassen, ausspülen, wieder trocknen lassen. Dann in einem anderen Winkel in Plisseefalten legen. Neuerlich abbinden, in den Farbstoff tauchen und ausspülen.

7 Den Stoff gut ausdrücken und auf einer flachen Unterlage auflegen. 10 g Eisen(II)sulfat-Kristalle in 500 ml heißem Wasser auflösen. Streifen dieser Lösung auf den nassen Stoff auftragen; an diesen Stellen wird der Stoff gelb. 5 g K-Salz in 500 ml kaltem Wasser auflösen und die blaue Lösung mit dem Pinsel auf den Stoff auftragen. So entstehen weinrote Stellen (siehe kleines Bild).

8 Den Stoff trocknen lassen, zuerst in kaltem, dann in warmem Wasser ausspülen. Mit mildem Waschmittel waschen und spülen, bis keine Farbe mehr abgegeben wird. Mit Conditioner nachbehandeln und trocknen lassen. Nun können Sie den Stoff zu einem Schal verarbeiten.

MALEN UND FÄRBEN

Zauberei auf Samt

MATERIALIEN

Seidensamt
Abdeckband
Säurefarbstoffe
Wasser
Ätzfarbstoff
Mildes Waschmittel

WERKZEUGE

Saugfähiger
Naturfaserstoff
Anstreicherpinsel
Haartrockner
(nicht zwingend)
Seidengaze mit
Photoschablone
Gummirakel
Schwamm
Spritzflasche
mit Feindüse
Ätzfarbstoffapplikator
Nadeln
Stoffunterlage
Dampfofen
Bügeleisen

WAS DAS STOFFMALEN so interessant macht, ist die Tatsache, daß man sich des Ergebnisses im voraus nie völlig sicher sein kann – dieser extravagante Kissenbezug aus Seidensamt ist das beste Beispiel. Die leuchtende Grundfarbe wird durch mehrere Schichten abschattierter, warmer Rottöne intensiviert und durch kräftige schwarze Kontraste aufgelockert. Der Stoff erhält damit sehr viel Ausstrahlung, wirkt aber ein wenig düster – das Zaubermittel heißt hier Ätzfarbstoff. Die fermentierende Wirkung dieses Bleichmittels tritt während der Dampfbehandlung ein.

Die Anwendung von Ätzfarbstoffen ist nicht angenehm; wie bei allen Farbstoffen ist Vorsicht wegen der Dämpfe angeraten. Aber ein so hervorragendes Ergebnis kann mit keinem anderen Mittel erreicht werden. Die gebleichten Stellen und Vierecke in einem warmen Beigeton bilden einen perfekten und überraschenden Gegensatz zu den anderen Farben.

Eine der Stärken dieses kraftvollen Stoffdesigns liegt in den einfachen geometrischen Elementen, die ein Nebeneinander gewagter Kontraste bilden. Hier ist Zurückhaltung nicht nur wirkungsvoller, sondern auch kostengünstiger.

Gut gepolstert
Seidensamt fängt das Licht auf faszinierende Weise ein – helle Strahlenkränze kontrastieren mit dunklen Schatten. Die strahlenden, satten Farben vibrieren vor Intensität. Fangen Sie das Leuchten ein!

 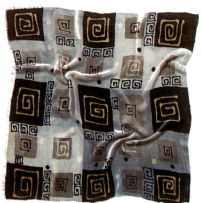

Blaues Wunder
Nicht nur Orangeschattierungen – auch Nachthimmel und Meereswogen sind wunderbare Alternativen. Es müssen auch nicht immer Kissen sein – hier bieten sich fließende Schultertücher und elegante Schals an.

MALEN UND FÄRBEN

So malen Sie auf Samt

Dieser Kissenbezug ist in seiner Verbindung von Eleganz und Spontaneität einfach fabelhaft. Genaues Kopieren des Designs bringt Ihnen nicht nur einen Blickfang für Ihr Wohnzimmer, sondern auch Ideen für hundert neue Muster und Farbkombinationen.

Seidensamt

Säurefarbstoffe

Abdeckband und
Ätzfarbstoff

1 Ein Stück Seidensamt (mit dem Flor nach oben) über einem Tuch aus saugfähiger Naturfaser auf der Arbeitsfläche aufspannen und mit Kreppband fixieren. Mit einem Anstreicherpinsel orangefarbenen Säurefarbstoff in kräftigen abstrakten Mustern auf dem Samt verteilen. Einige Stellen aussparen.

2 Mit rotem Farbstoff weitermalen, dabei zum Teil die orangefarbenen Motive überdecken. Ein eventuelles Verfließen der Farben macht nichts aus. Auf dem dicken Stoff geschieht dies ohnehin nicht so stark wie auf dünnerem Gewebe. Außerdem verstärken die verschwommenen Farbübergänge die Wirkung.

3 Die Farbschichten auf dem Samt weiter ausbauen, diesmal mit dunklerem Rot. Mit diesem Farbton durch Ausmalen des Hintergrundes die Grundformen des Musters betonen. Jetzt sollte der Samt ganz mit Farbe bedeckt sein. Den Stoff über Nacht trocknen lassen oder den Vorgang mit dem Haartrockner beschleunigen.

4 Siebdruckrahmen mit einer geometrischen Photoschablone (siehe S. 28) auf der Seidengaze auflegen, weitere Farbfelder drucken (siehe S 10). Wegen des dicken Samtflors sollte das sechsmal wiederholt werden, damit der Druck gleichmäßig wirkt. Den Rahmen vorsichtig vom Samt abheben und die Gaze mit kaltem Wasser reinigen.

ZAUBEREI AUF SAMT

5 *Mit der Feindüse einer Plastikspritzflasche schwarzen Säurefarbstoff in Tupfen und Linien auf den Stoff auftragen. Den Stoff über Nacht trocknen lassen. Einen Teil des Stoffs mit einem Gitter aus Abdeckband bedecken. Über dem Gitter Ätzfarbstoff auftragen (siehe kleines Bild). Abdeckband abnehmen.*

6 *Mit Plastikapplikator an anderen Stellen Kreise aus Ätzfarbstoff ziehen. Der Ätzfarbstoff sieht beim Auftragen wie ein nasser Fleck aus. Beim Dampfbehandeln des Stoffes bleicht er die darunterliegende Farbschicht aus. Den Stoff mit einem Haartrockner an einem kühlen Ort trocknen. Es empfiehlt sich, den Stoff am selben Tag zu dämpfen.*

7 *Den Samt auf einer Stoffunterlage feststecken und um diese einrollen, damit keine Farben auslaufen. Eine Stunde lang dämpfen, dann trocknen lassen. Mit mildem Waschmittel kalt spülen, bis keine Farbe mehr abgegeben wird. Den trockenen Stoff auf der Hinterseite bügeln.*

MALEN UND FÄRBEN

Ideen zum Ausprobieren

Sie haben nun die Grundlagen des Stoffmalens ausprobiert und wissen, welche Vielfalt an Möglichkeiten sich Ihnen bietet. Wühlen Sie also in der Trickkiste und lassen sie Ihrer Kreativität mit dem Pinsel freien Lauf. Ob zarter Seidenschal oder grober Leinenüberwurf – verschönern Sie Ihren Lieblingsstoff mit wilden Tupfen, Kringeln und Schnörkeln. Lassen Sie sich von diesen bunten Kreationen zu Farbexperimenten inspirieren.

▼ **Rostiger Nadelstreif**
Die Streifen auf dieser Seidenweste entstanden, indem der Stoff gefaltet, abgebunden und hintereinander in Eisen(II)sulfat und Indigofarbstoff getaucht wurde. Danach wurde er neuerlich gefaltet und mit K-Salz mit Streifen bemalt.

▼ **Kaffeehauskissen**
Der Text auf diesen Kissenbezügen stammt von der Speisekarte eines Kaffeehauses in den Niederlanden. Die Schrift wurde mit grüner Acrylfarbe mittels Leuchtkasten auf ungebleichten Kattun gemalt.

IDEEN ZUM AUSPROBIEREN

◀ **Tupfen auf dem I**
Dieses gewagte Muster wurde von Hand mit Reaktivfarbstoff auf Kaltwasserbasis in sattem Weinrot auf den Seidensamtschal aufgetragen, um eine Hintergrundtextur zu schaffen, dann wurden im Siebdruckverfahren mit Ätzfarbstoff Tupfen aufgedruckt.

▶ **Winzige Fältchen**
Seidenorganza wurde mit einer Kombination aus brillanten Säurefarbstoffen und Ätzfarbstoff gefärbt, in winzige Fältchen gelegt und noch einmal gefärbt, was den Effekt mehrerer Farbschichten ergab.

▲ **Schultertuch in Herbstfarben**
Aus einem Wollstoffquadrat entstand ein Schultertuch, das mit Streifen aus warmen Farbtönen (rotbrauner, orangefarbener und brauner Säurefarbstoff) mit einem dicken Anstreicherpinsel bemalt wurde.

▲ **Malerei auf Chiffon**
Simpler Chiffon wurde mit orangefarbenen und roten Säurefarbstoffen in einem Muster aus Vierecken und Tupfen völlig verändert.

◀ **Extravaganter Läufer**
Der Segeltuch-Läufer wurde grundiert, dann mit Ölfarben bemalt. Orangen wurden im Siebdruck gedruckt. Farbloser Lack macht ihn wasserabstoßend.

MALEN UND FÄRBEN

◀ **Prächtige Schnörkel**
Das lebhafte Muster aus Kringeln, Tupfen, Wirbeln und Wellenlinien auf diesem Samtschal in satten Farben wurde mit Ätzfarbstoffen in einer Kombination aus Malerei und Siebdruckverfahren kreiert.

▶ **Seidene Traumlandschaft**
Ein weißer Flachbettbezug aus Seide wird zur rätselhaften Landschaft: Das Muster wurde mit verdickten Reaktivfarbstoffen auf Kaltwasserbasis aufgemalt, mehrere Farbschichten ergeben die feinen Farbabstufungen.

▶ **Satin in starken Farben**
Dieses Tuch aus zartem Seidensatin wurde mit einer Kombination aus Reaktivfarbstoffen auf Kaltwasserbasis und Ätzfarbstoffen bemalt, Farbbeigaben sorgten für unerwartete Effekte. Als Schablone wurde Kreppband verwendet.

▼ **Geometriestunde**
Das wohlgeordnete Muster auf diesem Samtschal besteht aus Quadraten und Kreisen. Der Hintergrund wurde zunächst mit Reaktivfarbstoff auf Kaltwasserbasis bemalt, danach wurden die Motive mit Ätzfarbstoff aufgedruckt und nachgefärbt.

IDEEN ZUM AUSPROBIEREN

▶ **Mittelalterliche Inspirationen**
Dieses Stück reine Seide, Teil eines effektvollen Wandbehangs, wurde zunächst von Hand mit Säurefarbstoffen in Druckpaste bemalt und dann mit Schablonen und in Reservagetechnik weitergestaltet.

▼ **Blickfang aus Seide**
Die kräftigen Farben auf diesem Seidenkissen machen Eindruck. Säurefarbstoffe mit Verdickungsmitteln, die ein Verlaufen der Farben verhindern, wurden mit verschiedenen Pinselgrößen aufgetragen: ein großer runder Pinsel für die Tupfen, ein schmälerer Pinsel für die zarteren Motive.

▲ **Flotte Fliegen**
Bei diesen Fliegen ist genaue Planung beim Malen und Nähen erforderlich. Man beginnt mit einem großen Stück Seide und einer kleinen Palette von Reaktivfarbstoffen auf Kaltwasserbasis. Das abstrakte Muster ist auf die fertige Fliegenform abgestimmt, der Stoff wird dann zugeschnitten und zu originellen Stücken verarbeitet.

Stoffdruck

Wenn Sie ihr Motiv als regelmäßiges Muster auf dem gesamten Stoff verteilen oder mehrere zusammenpassende Kissenbezüge gestalten wollen, müssen Sie sich mit der Kunst des Stoffdrucks auseinandersetzen. Der Siebdruck ist die am weitesten verbreitete Methode und keineswegs so handwerklich anspruchsvoll, wie man anfänglich glaubt. Es ist eine der Fertigkeiten, die einem mit zunehmender Erfahrung immer leichter fallen und besser von der Hand gehen. Beginnen Sie am besten mit kostengünstigem Material wie Kattun für Kissenbezüge, bis Sie im Gefühl haben, wie man mit der Rakel gleichmäßig aufdrückt und die einzelnen Motive nach Rapport ausrichtet. Sie können auch wie in Ihren Kindertagen dem billigen Vergnügen des Kartoffeldrucks frönen. Der Kartoffeldruck kann lebhafte Farben und strahlende Karos auf Ihre Stoffe zaubern. Manche Porzellanmuster wurden in früheren Zeiten mit Kartoffeln gedruckt.

Schablonierte Wappen

MATERIALIEN
Baumwollstoff
Siebdruckfarben auf Wasserbasis
Fertigschablonen oder Schablonenkarton

WERKZEUGE
Diverse Schwämme
Untertasse
Saugfähiger Stoff
Skalpell
Bügeleisen

EIN KISSEN IN INTENSIVEN FARBEN – Orange und Rot, mit dem Schwamm auf gelben Grund getupft, bilden den Hintergrund; das Wappentier selbst bildet einen starken Kontrast in hellem Grün. Sterne beleben den Hintergrund, während eine goldene Aura das Motiv zu einem Ganzen macht.

Andere Wappenmotive – Schilde, Lilien oder Löwen – sind ebenfalls bewährte Vorlagen. Es gibt zahlreiche Bücher zum Thema Heraldik, die Ideen für Motive und Farbwahl liefern. Anstelle der hellen Farben bevorzugen Sie vielleicht das subtil-verblichene Aussehen alter Wappen, wie man sie in Schlössern und Burgen findet. Möglicherweise enthält Ihr Lieblingsgemälde eine Inspiration. Als Alternative bietet sich die einfach anwendbare Technik des Schablonierens an: so könnten Sie Vorhänge mit geometrischen Bordüren verschönern.

Dieses Vorhaben ist einfach, aber effektvoll. Sie erzielen mit relativ geringem Aufwand eine große Wirkung. Die dreiteilige Schablone für den Wappenvogel ist sicher das komplizierteste Element.

Greif und Konsorten
Lassen Sie sich von Bildern aus den europäischen Königshäusern und Motiven aus Schlössern und Burgen inspirieren. Solche Kissen wirken am besten in Kombination miteinander und können jede Menge Posamente als Aufputz vertragen.

Majestätische Muster
Mit ihren strahlenden Farben und einem Hauch von Gold könnten diese exotisch anmutenden Kissen auch den Palast eines Maharadschas zieren oder den Sitz auf dem Rücken eines Elefanten polstern.

STOFFDRUCK

So arbeiten Sie mit dem Schwamm

Färben mit dem Schwamm ist eine einfache Methode, um Tüpfeleffekte zu erzielen. Hier werden verschiedene Schwämme verwendet, um dichter oder lockerer zu färben.

Baumwollstoff

Siebdruckfarben auf Wasserbasis

Schablone

1 Den Baumwollstoff auf die Arbeitsfläche legen. Es genügt, den Stoff festzuhalten, während die gesamte Oberfläche mit verdünnter Siebdruckfarbe überzogen wird. Einen Naturschwamm in die Farbe tauchen, überschüssige Farbe abtupfen, dann mit dem Schwamm vom Körper weg arbeiten. Den eingefärbten Stoff leicht mit saugfähigem Stoff abtupfen, trocknen lassen. Den Schwamm ausspülen.

2 Mit einer fertigen Schablone arbeiten oder eine aus Karton (mit Leinöl getränkt) ausschneiden. In die Mitte des trockenen Stoffes legen. Einen großporigen Naturschwamm in orangefarbene Siebdruckfarbe tauchen, abtupfen und auf den Stoff auftragen, wobei an manchen Stellen der Hintergrund sichtbar bleiben soll. Mit saugfähigem Stoff abtupfen. Den Schwamm ausspülen.

3 Mit dem Schwamm rote Farbe am Rand des feuchten Stoffes auftragen, um die Schablone eine orangefarbene Aura aussparen. Den Stoff abtupfen. Den Schwamm ausspülen, die Schablone abnehmen und reinigen.

4 Das „Negativ" der Schablone (den Karton, aus dem diese ausgeschnitten wurde) über das Motiv auf dem Stoff legen. Mit grüner Farbe darübertupfen. Den Stoff abtupfen, den Schwamm ausspülen und das Negativ reinigen.

SCHABLONIERTE WAPPEN

5 *Eine Schablone mit den Umrissen des Greifs über das Motiv legen. Mit einem feinporigen Schaumstoffschwamm Goldfarbe durch die Schablone tupfen. (Ein großporiger Schwamm würde keine klaren Konturen hinterlassen.) Den Stoff leicht abtupfen und die Schablone reinigen.*

6 *Eine sternförmige Schablone ausschneiden und mit demselben Schaumstoffschwamm wie in Punkt 5 Goldfarbe willkürlich über den Stoff um den Greif verteilen. Den Stoff mit saugfähigem Material leicht abtupfen, den Schwamm sorgfältig auswaschen und die Schablone reinigen.*

7 *Die Siebdruckfarben auf dem gut getrockneten Stoff durch 2 Minuten Bügeln bei heißer Einstellung fixieren. Der Stoff kann nun zu einem Kissenbezug verarbeitet werden.*

STOFFDRUCK

Transparente Seide

MATERIALIEN
4 Teebeutel
Enthärtetes Wasser
Batikseide
Papier
Goldener Seidenkonturenstift
Polystyrol-Druckplatte
Goldene Acrylstoffarbe

WERKZEUGE
Eimer
Gummihandschuhe
Bügeleisen
Rahmen
Reißnägel
Bleistift
Photokopierer
Weicher Filzstift
Skalpell
Farbwalze
Farbtasse
Abdeckband

ENTHÄRTETES WASSER UND TEEBEUTEL sind die Grundformel, mit der man neue, allzu strahlend weiße Stoffe oder kräftige, zu kontrastreiche Farben verändert. Im Zweifel probieren Sie diese Variation an einem Probefleckchen aus. Nach dem leichten Abdunkeln mit Tee wird mit einem goldenen Konturenstift ein zartes Blatt auf die Seide gezeichnet und das Muster durch in Gold aufgedruckte Eschenblätter ausgebaut. Sorgfältiges Abpausen wird durch das professionelle Aussehen des Endproduktes belohnt. Als organisches Motiv, das auf großen Stoffmengen wiederholt werden kann, ist diese Musterung ideal für Vorhänge oder lange, fließende Röcke und Blusen. Das Muster muß nicht exakt ausgeführt sein, im Gegenteil, gewisse Zufälligkeiten machen es noch zauberhafter.

Jedes schwarz-weiße Motiv kann vergrößert und abgepaust, jedes Motiv aus einfachen Konturen kann vervielfältigt werden. Sie können verschiedene Seidenfarbstoffe und Konturenstifte ausprobieren – Scharlachrot und Gold auf intensivem Rosa oder einen Nachthimmel in Indigoblau mit Gold und Silber.

Zarte Blätter
Durchscheinende, leicht glänzende Seide, mit bunt verstreuten goldenen Blättern verschönert und mit weichem Faltenwurf ist ideal für leichte, fließende Vorhänge zu sommerlichen Fenstern oder als Kontrapunkt zu schweren Seitenteilen für den Winter. Die Seide war ursprünglich reinweiß, erhielt aber nach überlieferter Methode durch enthärtetes Wasser und Tee ihren dezenten Pergamentton und Großmutterlook.

Transparentes Trio
Durch andere Hintergrundfarben, Druckmotive und Druckfarben lassen sich sehr interessante Effekte erzielen. Kombinationen aus Abpausen und Druck sowie willkürliche oder regelmäßige Motivverteilung können romantisch oder streng wirken.

STOFFDRUCK

So gestalten Sie die Seide

*Die Gelegenheit, um drei Techniken auszuprobieren –
Färben mit Tee, Abpausen und Tafeldruck – die sich bei
großen Stücken gut kombinieren lassen.*

Batikseide

Teebeutel

Enthärtetes Wasser

Goldene Acrylstoffarbe
und Seidenkonturenstift

Polystyrol-Druckplatte
und Blattschablone

1 Vier Teebeutel in einen Eimer legen und diesen halb mit enthärtetem Wasser füllen. Die Teebeutel nach einer Minute herausnehmen. Mit Gummihandschuhen die Seide in der Flüssigkeit bewegen, um gleichmäßige Färbung zu erzielen. Stoff nach 2 Minuten bei mittlerer Einstellung trockenbügeln.

2 Den gefärbten Stoff über einen Rahmen spannen und mit Reißnägeln befestigen. Ein Motiv suchen, das wiederholt auf den Stoff übertragen werden kann. Auf die gewünschte Größe photokopieren und unter die Seide im Rahmen legen. Die Konturen mit goldenem Konturenstift auf der Seide nachzeichnen.

3 Details mit dem Seidenkonturenstift ausarbeiten und Motiv fertigstellen. Das Motiv im Bild sind Blätter, die mit Adern versehen werden. Die Zeichnung auf der gesamten Stofflänge wiederholen.

4 Drucktafeln herstellen. Dazu die Papierschablone eines Blattes ausschneiden und drei bis vier Mal mit einem weichen Filzstift auf eine Polystyrol-Druckplatte übertragen. Diese Formen mit dem Skalpell ausschneiden.

TRANSPARENTE SEIDE

5 Mit einem Bleistift Adern oder andere Details in die Polystyrol-Tafeln eindrücken. Eine Farbwalze in einer Tasse mit goldener Acrylstoffarbe hin- und herbewegen, dann mehrmals über die Drucktafel abrollen, so daß diese Farbe für den Druckvorgang aufnimmt (siehe kleines Bild).

6 Die Seide straff auf der Arbeitsfläche mit Kreppband fixieren. Eine Drucktafel auf den Stoff pressen, um das Blattmotiv abzudrucken. Nach Belieben wiederholen, dabei nach ein bis zwei Abdrücken die Tafel wieder mit Farbe einstreichen. Zuviel Farbe verschmiert den Druck. Die Tafel vor neuem Gebrauch trocknen lassen.

7 Nach Ende des Druckvorgangs zur Farbfixierung jedes Motiv 30 Sekunden lang bei heißer Einstellung bügeln und dabei das Bügeleisen ständig bewegen.

STOFFDRUCK

Einfacher Kartoffeldruck

MATERIALIEN
Weißer Baumwollstoff
Wasser
Siebdruckfarben auf Wasserbasis
Mittelgroße Kartoffel

WERKZEUG
Wäscheleine
Wäscheklammern
Anstreicherpinsel
Bügeleisen
Kleines Obstmesser
Küchenkrepp
Dünnes, glattes Schwammtuch
Spachtel

WAS DIE DRUCKTECHNIK ANGEHT, so ist die Kartoffel wohl die simpelste Form des Druckstocks. Dieses Vorhaben zeigt, daß Kartoffeldruck weder langweilig noch primitiv ist. Grundfarbe und Druckfarben dieser Tischdecke bilden einen prickelnden Kontrast. Sie brauchen kein Van Gogh zu sein, um Ihre Druckarbeiten gut aussehen zu lassen, und Ihre Kinder können mitmachen und ebenso kreativ sein wie Sie.

Die wesentlichste Fertigkeit ist das geschickte Ausschneiden der Kartoffelkaros, so daß sie ein perfekt ineinandergreifendes Muster ergeben. Dazu werden Sie wahrscheinlich etwas Übung brauchen. Bei einem All-over-Muster wie diesem ist die Regelmäßigkeit des Drucks von größter Wichtigkeit, damit sich die Stern- und Sechseckformen nicht selbständig machen.

Wenn es Ihnen zu schwierig erscheint, mit einer Tischdecke anzufangen, probieren Sie diese Technik an einer Patchworkdecke aus. Das Format der einzelnen Flecken sollte 15 x 15 cm nicht überschreiten. Sie können auch mit einem Kissenbezug beginnen und sich zum passenden Tischtuch vorarbeiten.

Mediterrane Tischkultur
Sogar an einem trüben Tag strahlt diese sternenübersäte Tischdecke Fröhlichkeit aus. Die Farben sind klar und ungemischt; ein Blick genügt und Ihre Laune hebt sich. Stellen Sie diesen Tisch unter Weinranken auf und Sie fühlen sich in den Sommerurlaub in Griechenland zurückversetzt. Das ist wohl etwas, was nur wenige Tischdecken können.

Wie Sterne im Kaleidoskop
Karos sind eine Grundeinheit in diesen Mustern. Wenn Sie nicht der Typ sind, der säuberlich von einem Mittelpunkt aus arbeiten will, verstreuen Sie einfach Sterne, Quadrate, Kreise, Herzen oder andere Formen, die Sie aus Kartoffeln schneiden können, über den Stoff.

STOFFDRUCK

So malen und drucken Sie auf Baumwolle

*Regel Nr. 1: Ziehen Sie Ihre älteste Kleidung an und decken
Sie die gesamte Umgebung gut mit Zeitungen ab. Stürzen
Sie sich dann mit dem Messer auf die Kartoffel.*

Weißer Baumwollstoff

Siebdruckfarben auf Wasserbasis

Wasser und Kartoffel

1 *Den Stoff waschen und mit Wäscheklammern auf eine Wäscheleine hängen. Verdünnte gelbe und danach rote Siebdruckfarbe in Kreisform auf den Stoff malen. So entsteht ein orangefarbener Kreis.*

2 *Verdünnte rosa Farbe in den Ecken auftragen, blaue Farbe an den Außenrändern. Wenn der Stoff völlig mit Farbe bedeckt ist, trocknen lassen. Auf der vorderen Seite heiß bügeln, um die Farben zu fixieren.*

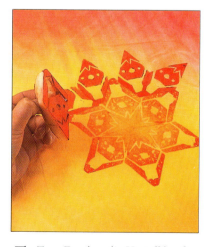

3 *Mit einem kleinen Obstmesser eine mittelgroße Kartoffel halbieren und in eine Hälfte ein Muster schneiden, das als Stempel dient. Die erhabenen Stellen nehmen beim Drucken Farbe an. Die Schnittfläche der Kartoffel mit Küchenkrepp abtupfen, um überschüssige Feuchtigkeit aufzunehmen.*

4 *Ein dünnes, glattes Schwammtuch mit dem Spachtel mit Farbe einstreichen, so daß die Farbe aufgesogen wird. Es können ruhig mehrere Farben auf dem Schwammtuch aufgetragen werden; hier sind es Gelb, Rosa und Rot.*

5 *Zum Drucken die Kartoffel auf das farbgetränkte Schwammtuch drücken und die Farbe auf den Stoff übertragen. Mit Gelb im Zentrum des Stoffes beginnend, wird die Rosette mit Rot fortgesetzt. Nach jedem Abdruck die Kartoffel vorsichtig heben, um nichts zu verschmieren.*

EINFACHER KARTOFFELDRUCK

6 Um die Mittelrosette wird das Muster mit anderen Farben weiter ausgebaut. Der Kartoffelstempel muß nach zwei bis drei Abdrücken neu eingefärbt werden. Die Kartoffel fest niederdrücken, so daß klare Umrisse entstehen. Wird die Kartoffel weich und der Umriß verschwommen, dasselbe Muster aus der zweiten Kartoffelhälfte ausschneiden und damit weiterdrucken.

7 Das Muster weiter ausbauen und die Rosette vom Zentrum zu den Rändern erweitern. Mit jedem neuen Kreis die Farbe wechseln. Hier geht am Rand des Rosettenmusters Blau in Violett über.

8 Wenn das Muster fertig ist, lassen Sie den Stoff 24 Stunden trocknen. Zur Farbfixierung zweimal auf der Vorder- und Hinterseite heiß bügeln. Der Stoff kann nun zu einer Tischdecke verarbeitet werden.

STOFFDRUCK

Originelle Siebdrucke

MATERIALIEN
Photokopierte Motive
Azetatfolie
Zeitungsdruckpapier
Braunes Verpackungsband
T-Shirt aus Baumwolle
Siebdruckfarben auf Wasserbasis
Wasser

WERKZEUGE
Photokopierer
Schwarzer Filzstift
Zwei Rahmen
Abdeckband
Skalpell
Handtuch
Eßlöffel
Gummirakel
Schwamm
Bügeleisen

JEDER TRÄGT T-SHIRTS. Sie sind praktisch, beliebig kombinierbar und aus unserem Alltag einfach nicht mehr wegzudenken. Es ist auch nicht schwer, ein T-Shirt nach Maß für eine bestimmte Person oder eine bestimmte Gelegenheit zu gestalten. Alles, was photokopiert werden kann, kann auch gedruckt werden. Die einzigen Sachzwänge entstehen durch die Größe des Motivs und der Gaze für den Siebdruck. Ein mehrmals aufgedrucktes Motiv, wie die Meerjungfrau auf unserem Bild, ist ein kostengünstiger Weg, das Verfahren optimal zu nutzen. Die Muscheln und Schnecken stammen aus einem Buch über viktorianische Stiche.

Sobald Sie das Grundverfahren beherrschen, mit dem man die scharfen Konturen von Graphiken auf Stoff überträgt, gibt es Tausende von Quellen, aus denen Sie sich inspirieren lassen können. Schriftbildkataloge etwa enthalten wunderschöne Buchstabenformen, während die Reproduktionen viktorianischer Kataloge praktisch alles vom Fliederzweig bis zum Fleischwolf abbilden. Der Vorteil beim Siebdruck liegt darin, daß Sie mit Photoschablonen klare und komplexe Bilder so oft wiederholen können, wie Sie wollen.

Stranderinnerungen
Nichts läßt einen wehmütiger an den Urlaub am Meer denken als die Schnecken und Muscheln, die man dort gesammelt hat. Diese Erinnerungsstücke überzeugen durch Detailreichtum und elegante Anordnung um den Ausschnitt und die Ärmel eines einfachen weißen T-Shirts.

Farbenregen
Einfache, kompakte Druckmotive, über die ein Muster gedruckt wurde, wirken auf schlichten, weißen Oberteilen besonders stark.

STOFFDRUCK

So bedrucken Sie T-Shirts

Der Siebdruck ist kein schwieriges Verfahren. Simple T-Shirts sind billig und überall erhältlich, sie sind meist auch in allen Regenbogenfarben zu haben. Sie brauchen also nur noch einen selbstgemachten (siehe S. 11) oder gekauften Druckrahmen und es kann losgehen!

T-Shirt aus Baumwolle

Photokopierte Motive

Azetatfolie und Zeitungsdruckpapier

Braunes Verpackungsband

Siebdruckfarben auf Wasserbasis

1 Die photokopierten Motive auflegen. Hier werden Muscheln in Form einer Halskette angeordnet. Die Anordnung auf Folie kopieren (siehe S. 10) und die Kopie mit einem schwarzen Filzstift retuschieren. Die Folie und den Rahmen mit Seidengaze in einer Druckerei belichten lassen, wodurch eine Photoschablone auf der Seidengaze entsteht.

2 Ist die Photoschablone fertig, kann das Motiv auf eine Papierschablone übertragen werden, so daß eine Hintergrundfarbe aufgedruckt werden kann, bevor die Übertragung der Konturen mittels Photoschablone beginnt. Zeitungsdruckpapier über die Photoschablone auf der Gaze aufkleben. Die Gaze gegen das Licht halten, das Bild mit Filzstift abpausen.

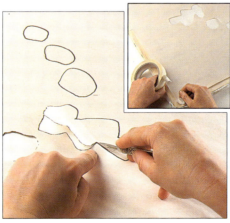

3 Das Papier abnehmen, abgepauste Stellen mit einem Skalpell ausschneiden. Dieses flach halten, damit das Papier nicht zerreißt. Den zweiten Rahmen mit der Gaze nach unten auf die Arbeitsfläche legen, befeuchtetes braunes Verpackungsband um die Kanten der Gaze und des Holzrahmens kleben (siehe S. 10). Den Rahmen umdrehen, die Schablone auf die Gaze legen, Kanten festkleben.

4 In das T-Shirt mehrere Lagen Zeitungsdruckpapier einlegen. Ein Handtuch und Zeitungsdruckpapier auf eine glatte Oberfläche legen, das T-Shirt darauf mit Klebeband befestigen. Den Rahmen auf das T-Shirt legen, so daß die Stelle mit der Papierschablone dort liegt, wo das Motiv aufgedruckt werden soll. Magentarote Farbe entlang des oberen Rands des Rahmens aufgießen.

ORIGINELLE SIEBDRUCKE

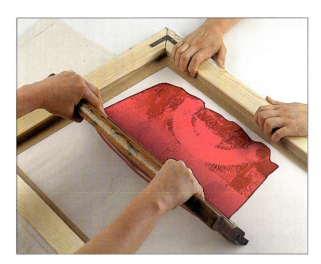 

5 *Hier ist es praktisch, wenn ein Helfer während des Druckens den Rahmen hält. Man beginnt am weitesten vom Körper entfernten Punkt mit dem Farbauftrag, indem man die Rakel über die Farbe zu sich zieht (siehe S. 10). Den Rahmen vorsichtig heben und das Bild auf dem T-Shirt kontrollieren. Die Seidengaze sorgfältig mit kaltem Wasser und einem Schwamm waschen. Trocknet Farbe auf der Gaze ein, so verklebt sie und wird unbenutzbar.*

6 *Den Rahmen mit der Photoschablone mit der Gaze nach unten auf die Arbeitsfläche auflegen. Befeuchtetes braunes Verpackungsband um die Kanten der Gaze und des Holzrahmens legen (siehe S. 10). Den Rahmen auf das T-Shirt legen, so daß der Rapport zwischen Photo- und Papierschablone stimmt. Schwarze Farbe auf die Gaze auftragen und wie bereits beschrieben zum Abdrucken des Motivs mit der Rakel verteilen. Die Gaze gut auswaschen.*

7 *Das Verfahren je nach Zahl der zu druckenden Motive wiederholen. Die Meerjungfrauen im Bild wurden als Ergänzung des Meeresmotivs gedruckt. Zuletzt den Stoff zur Farbfixierung einige Minuten bei heißer Einstellung bügeln.*

STOFFDRUCK

Konfettibunte Seide

MATERIALIEN
Papier
Gewebe aus Crêpe de Chine und Georgette in Streifenwebe
Abdeckband
Reaktivfarbstoffe auf Kaltwasserbasis
Linoleum
Ätzfarbstoff

WERKZEUGE
Bleistift oder Farbe
Saugfähiger Stoff
Künstlerpinsel
Dampfofen
Linolschnittwerkzeuge
Farbwalze
Farbtasse

Dieses Seidentuch ist nur ein Beispiel dafür, wieviele Verfahren auf einem Stück Stoff angewendet werden können. Zunächst ist der Crêpe de Chine bereits in sich mit eleganten Satinstreifen gemustert. Darüber zieht sich ein Muster aus himmelblauen Streifen, die mit dem Satin ein Gitter bilden. Das Ganze wird mit einem bunten Durcheinander aus Tupfen und Kringeln belebt, die mit Linoldruck aufgedruckt und mit Ätzfarbstoff gebleicht wurden. Das fertige Tuch ist unwiderstehlich zauberhaft, und die Arbeitsgänge lassen sich durchaus bewältigen. Da das Muster so abwechslungsreich ist, macht es nichts aus, wenn die Streifen nicht gerade oder die Kringel nicht regelmäßig verteilt sind. Das Resultat ist ein kompliziert wirkendes, elegantes Allover-Muster.

Dieses Vorhaben ist ein echtes Meisterstück, an das Sie sich wagen sollten, wenn Sie alle Arbeitsgänge für sich an anderen Stücken erprobt haben. Die Vorgänge sind für größere Stücke zu kompliziert, für ein Schultertuch sind der sinnliche Faltenwurf und das lebhafte Muster aber durchaus geeignet.

Glänzende Effekte
Satinstreifen machen dieses Tuch schon attraktiv, bevor Sie es bearbeitet haben, aber die zahlreichen Schichten aus Farbe und dunklen, filigranen Mustern lassen es definitiv zum Glanzpunkt Ihrer Garderobe werden. Ob Paisley oder Tupfen, Sie können jede Art von Muster auf die Grundstruktur des Tuches auftragen.

Spiel ohne Grenzen
Das Prinzip, Farbschichten, mit Abdeckband geklebte Streifen und ein durchgehendes gedrucktes Muster zu kombinieren, läßt sich ins Unendliche variieren. Ihrer Phantasie sind keine Grenzen gesetzt. Sie können ein unstrukturiertes Tuch auch selbst färben, um einen weiteren Effekt zu erzielen.

STOFFDRUCK

So malen und drucken Sie auf Seide

*Dieses Stück erfordert Zeit und Überlegung.
Also keine Hast und keine Panik – der Linoldruck
bringt alles auf einen Nenner.*

Crêpe de Chine und
Georgette mit
eingewebten Streifen

Reaktivfarbstoffe auf
Kaltwasserbasis

Linoleum und
Abdeckband

Ätzfarbstoff

1 Den Entwurf zunächst auf Papier malen. Das Seidengewebe mit untergelegtem saugfähigem Stoff auflegen und mit Kreppband fixieren. Kreppband über den Stoff kleben, so daß es Streifen und Vierecke bildet.

2 Mit einem Künstlerpinsel und Reaktivfarbstoffen auf Kaltwasserbasis Farbstreifen auf den Stoff malen. Diese Farben bilden den Hintergrund des Musters und dürfen kräftig sein.

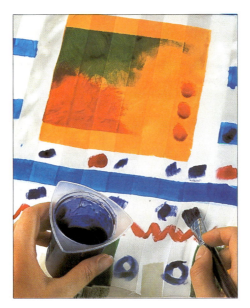

3 Das Abdeckband, das als Reservage gedient hat, abnehmen (siehe S. 8), nur das Kreppband um die Stoffkanten bleibt. In den unbehandelten Bereichen das Muster mit Kringeln, Kreisen und Tupfen ausbauen. Tuch trocknen lassen, dann 20 Minuten dämpfen, um die Farben zu fixieren (siehe S. 10).

4 Aus einem kleinen Linoleumviereck eine Druckplatte herstellen. Die Linien mit Linolschnittwerkzeug einkerben, dabei immer vom Körper weg arbeiten. Beim Drucken nehmen die erhabenen Stellen Farbe an, die ausgeschnittenen Linien bleiben ausgespart.

KONFETTIBUNTE SEIDE

5 *Die Farbwalze in einer Tasse mit marineblauer Farbe befeuchten, dann damit die Druckplatte einfärben. Die Platte auf die Seide drücken und vorsichtig anheben, damit der Druck nicht verschmiert wird. Weiterdrucken, bis der Stoff zur Gänze bedeckt ist. Die Druckplatte muß nach zwei oder drei Druckvorgängen neu eingefärbt werden. Den Stoff trocknen lassen, dann 20 Minuten dämpfen.*

6 *Ätzfarbstoff auf die Oberfläche auftragen, um die Farben zu bleichen und das Muster um eine neue Schicht zu bereichern. Hier wurde der Ätzfarbstoff mit einer Druckplatte auf dem gesamten Tuch aufgetragen und in der Mitte des Stoffes ein Tiermotiv gemalt.*

7 *Den Ätzfarbstoff durch einen höchstens 10 Minuten dauernden Dämpfvorgang fixieren. Nun kann der Stoff zu einem Tuch verarbeitet werden.*

STOFFDRUCK

Segeltuch für den Strand

MATERIALIEN
Papier
Abdecklack aus der Photographie
Azetatfolie
Baumwollsegeltuch
Braunes Verpackungsband
Druckfarbe auf Wasserbasis
Wasser

WERKZEUGE
Nachschlagewerke
Bleistift oder Farbe
Photokopierer
Künstlerpinsel
Schwamm
4 Druckrahmen
Saugfähiger Stoff
Abdeckband
Eßlöffel
Gummirakel
Haartrockner
Bügeleisen

EIN MUSTER AUS NEUN VIERECKEN in vier kräftigen Farben ist genau richtig für einen auffallenden Regiesessel mit Sitzfläche und Lehne aus grobem Segeltuch. Die Farben Blau, Beige und Gold erinnern an die typischen Strandfarben, an Sand und Himmel. Nur vier Farben sind völlig ausreichend, um die gewünschte Wirkung zu erzielen, und das ist auch genau die Zahl von Farben, die sich mit der entsprechenden Zahl von Druckrahmen bequem bewältigen lassen. Je einfacher das Design, desto besser – so können Sie zum Beispiel auch nur die Umrisse der Amphore verwenden. Mit einem Sessel, der den Elementen ausgesetzt wird und Eiscremefinger ebenso aushalten muß wie Sonnenölflecken, brauchen Sie nicht zimperlich umzugehen.

Wie bei vielen Stücken in diesem Buch, empfiehlt es sich auch hier, mit Malkasten und Pinsel zu experimentieren. Arbeiten Sie auf farbigem Papier, wenn Sie gefärbtes Segeltuch verwenden wollen. Wer sich der Verlockung frischer Druckfarben gegenübersieht, ist vielleicht versucht, eine allzu bunte Farbwahl zu treffen. Bei einem kleinen Vorentwurf können Sie die richtige Farbmischung finden.

Ein Sessel für den Strand
Das Schöne am Siebdruck ist, daß man ein Motiv wiederholen kann, sooft man will. In diesem Fall können Sie Sitzbezüge für die ganze Familie bzw. einen Windschutz oder eine Tragtasche aus demselben Stoff machen, wenn Sie die Technik einmal für sich entdeckt haben.

Individuelles Sitzen
Das gleiche Design, eine andere Farbstellung – und schon sieht das Ganze völlig anders aus: diese beiden Sitzflächen für Regiesessel zeigen, wie einfach sich diese Methode adaptieren läßt.

STOFFDRUCK

So drucken Sie auf Segeltuch

Schweres Segeltuch eignet sich bestens für Siebdrucke und nimmt Farbe gut auf. Um die richtige Gleichmäßigkeit zu erzielen, brauchen Sie nur ein wenig Übung.

Azetatfolie, Papier und Abdecklack

Stoffdruckfarben auf Wasserbasis

Baumwollsegeltuch

1 *Suchen Sie in Nachschlagewerken nach Inspirationen und zeichnen Sie die Motive für Ihren Stoff daraus ab. In dieser Phase sind es vielleicht nur Umrisse oder Farben, die als Anregung dienen. Aus dem Spiel der Ideen entwickelt sich langsam Ihr Design.*

2 *Motiv-Skizzen photokopieren, falls nötig, vereinfachen und in einer größeren Kombination nebeneinanderlegen. Hier wurden kleine Skizzen zu einem größeren Motiv verbunden, wobei auch ungewöhnliche abstrakte Formen zum Zug kamen.*

3 *Wenn die Form des Designs feststeht, können Sie die Farben auswählen. Beim Siebdruck braucht man für jede Farbe einen eigenen Druckrahmen bzw. Seidengaze (siehe S. 10), so daß höchstens vier Farben anzuraten sind. Genaues Arbeiten erleichtert die Vorbereitung der Folien für die Seidengaze (siehe S. 10).*

4 *Mit Photo-Abdecklack jede Farbe aus den Motiven auf eine eigene Folie übertragen. Feine Linien mit dem Pinsel ziehen, größere Flächen mit einem Schwamm bearbeiten, um einen Sprenkeleffekt zu erzielen. Die vier Folien und die vier Rahmen in eine Druckerei bringen, wo Photoschablonen gemacht werden können (siehe S. 10).*

SEGELTUCH FÜR DEN STRAND

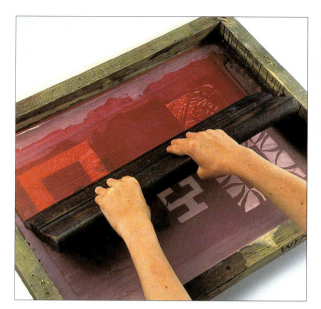

5 Segeltuch auf saugfähiger Unterlage aufspannen und mit Kreppband fixieren. Auf allen vier Schirmen befeuchtetes braunes Verpackungsband um die Ränder der Seidengaze und des Holzrahmens kleben, damit keine Farbe durchsickert. Den ersten Rahmen auf den Stoff legen. Farbe mit dem Löffel entlang der Oberkante auftragen und mit der Gummirakel (siehe S. 10) zum Körper hin verteilten, um das Muster in der ersten Farbe aufzudrucken (siehe S. 59). Seidengaze mit kaltem Wasser auswaschen.

6 Den Stoff vor dem Auflegen des nächsten Rahmens mit einem Haartrockner trocknen. Den Vorgang mit den drei weiteren Druckrahmen wiederholen, wobei jedesmal auf die genaue Ausrichtung der Rahmen zu achten ist (siehe S. 10). Sind alle vier Farben aufgedruckt, den Stoff mit dem Haartrockner trocknen, dann einige Minuten bei mittlerer Einstellung bügeln, um die Druckfarben zu fixieren (siehe kleines Bild).

7 Der Stoff kann nun weiterverarbeitet werden. Baumwollsegeltuch ist ein widerstandsfähiger Stoff, der sich ideal für Sitzbezüge oder Taschen eignet.

STOFFDRUCK

Marmorierte Seide

MATERIALIEN
Reaktivfarbstoffe auf Kaltwasserbasis
Satinierter Seidencrêpe
Wasser
Papier
Azetatfolie
Braunes Verpackungsband
Druckpaste
Ätzfarbstoff

WERKZEUGE
Gummihandschuhe
Eimer
Bleistift
Schere
Abdeckband
Photokopierer
Druckrahmen
Eßlöffel
Gummirakel
Schwamm
Dampfofen
Bügeleisen
Schutzmaske
Waschmittel
Stoffconditioner

DIESER OPULENTE SEIDENSATINSCHAL verbindet dunkelgrüne und violette Töne mit der zarten Äderung ausgebleichter Farben. Das abstrakte Wirbelmuster ist schwer zu reproduzieren, das Endresultat ist jedoch jede Mühe wert. Um das marmorierte Aussehen zu erzielen, gibt es einen simplen Trick: Sie brauchen nur die Photoschablone umzudrehen und zweimal zu verwenden. Inspirationen könnten Sie aus Muster und Farbe echten Marmors beziehen.

Das Arbeiten mit Ätzfarbstoff ist spannend, weil sich die Ergebnisse nie genau vorhersagen lassen. Das Ausbleichen einzelner Bereiche ermöglicht es, die Musterung ohne großen Aufwand zu bereichern. Die Farbtöne bilden hier keine großen Kontraste, was zu einem subtilen und stark strukturierten Ergebnis führt. Die Zahl der Farbschichten ist schier unbegrenzt, Sie brauchen nur die Photoschablone jedesmal leicht zu verschieben. Eine solche Allover-Textur läßt sich gut auf großen Stoffstücken einsetzen – wobei die richtige Ausrichtung der Kanten genau zu beachten ist (siehe S. 10) – und schon haben Sie Material, das sich für Vorhänge ebenso verwenden läßt wie für Kissenbezüge und die Vorderteile eleganter Westen.

Dezente Farben
Dieser Schal von unauffälliger Eleganz ist mit ausgefallenen Winterfarben und einem gleichmäßig und professionell wirkenden Muster bedruckt; damit haben Sie ein tolles Accessoire zu Leder oder Seidentweed.

Nobel und natürlich
Diese gedämpften Erd- und Sonnenaufgangsfarben auf Seidensatin und Gaze erinnern entfernt an die psychedelischen Muster der sechziger Jahre, sind aber wesentlich eleganter. Wenn Sie das Prinzip des Marmorierens erfaßt haben, bietet sich Ihnen ein breites Spektrum an Möglichkeiten.

STOFFDRUCK

So drucken Sie auf Seide

Je öfter man mit Siebdruck arbeitet, desto leichter fällt es. Beginnen Sie mit billigen Stoffen und arbeiten Sie sich zu noblen Crêpe- und Satinstoffen vor.

Satinierter Seidencrêpe

Musterschablone

Reaktivfarbstoffe auf Kaltwasserbasis und Druckpaste

Ätzfarbstoff und braunes Verpackungsband

1 *Dunkelgrüne Stoffarbe auf Kaltwasserbasis nach Gebrauchsanweisung anrühren. Den Stoff mit Gummihandschuhen in das Färbebad tauchen und ständig bewegen, um die Farbe gleichmäßig zu verteilen. Den Stoff zuerst in heißem, dann in kaltem Wasser ausspülen, bis keine Farbe mehr abgegeben wird, trocknen lassen.*

2 *Eine Musterschablone durch senkrechtes und waagrechtes Zerschneiden eines lebhaften rechteckigen Musters und Verschiebung der ausgeschnittenen Teile erstellen (siehe S. 10). Mehrmals photokopieren und die Kopien aneinanderkleben, so daß sie eine große Mustervorlage ergeben. Diese auf Azetatfolie photokopieren (siehe S. 10) und die Folie mit dem Druckrahmen in die Druckerei bringen, wo eine Photoschablone daraus gemacht wird.*

3 *Auf dem Druckrahmen mit der Photoschablone befeuchtetes braunes Verpackungsband entlang der Kanten der Seidengaze und des Rahmens aufkleben, so daß keine überschüssige Farbe auslaufen und den Stoff ruinieren kann.*

4 *Den Stoff mit Kreppband auf die Arbeitsfläche kleben. Entlang der Oberkante des Rahmens mit dem Löffel violette Druckpaste auftragen und das Muster aufdrucken (siehe S. 59). Den Druckvorgang über die gesamte Länge wiederholen, Rapport beachten (siehe S. 10).*

MARMORIERTE SEIDE

5 Ist der Stoff trocken, zur Farbfixierung 20 Minuten lang dämpfen, dann mit warmem Wasser waschen und trocknen lassen. Um 180° drehen, so daß das Muster unten liegt, und wieder auf der Arbeitsfläche festkleben. Den Druckrahmen über das bereits gedruckte Muster legen. Mit dem Löffel entlang der Oberkante des Druckrahmens Ätzfarbstoff auftragen (siehe kleines Bild) und den Druckvorgang wiederholen (siehe S. 59). Der Druck auf dem umgedrehten Muster ergibt schließlich eine stärkere Struktur. Der Ätzfarbstoff entzieht dem Stoff die Farbgrundierung. Dies ist nicht sofort sichtbar, man sieht zunächst nur feuchte Stellen.

6 Den Stoff trocknen lassen, dann einige Minuten bügeln, damit der Ätzfarbstoff seine Wirkung entfalten kann. Das Bügeleisen immer bewegen, um keine Druckstellen zu hinterlassen. Wo der Ätzfarbstoff den Untergrund erreicht hat, sind die Farben aufgehellt, was ein zartes Muster ergibt. Dieses zeigt sich langsam während des Bügelns. Je länger das Gewebe gebügelt wird, desto stärker wirkt der Ätzfarbstoff. Dabei entwickelt sich unangenehmer Geruch, Sie sollten daher mit Schutzmaske oder in einem gut gelüfteten Raum arbeiten.

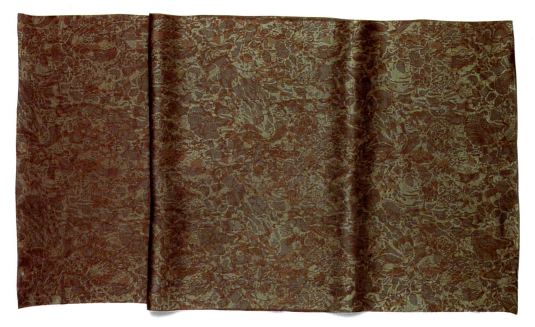

7 Den Stoff mit Waschmittel und Conditioner waschen und an der Luft trocknen lassen bzw. trockenbügeln. Nun kann der Stoff zu einem Schal verarbeitet werden.

STOFFDRUCK

Ideen zum Ausprobieren

Auf den folgenden Seiten finden Sie eine Reihe von attraktiven Anregungen. Gestaltet von talentierten Textildesignern, präsentieren sie die gesamte Palette von Techniken, vom einfachen, aber wirkungsvollen Kartoffeldruck bis zu Kombinationen aus Siebdruck, Ätzung und Übermalung von Hand. Mit Druckmethoden können Sie Einzelmuster ins Unendliche vervielfachen, mit photographischen Techniken zarteste Details wiedergeben.
Viel Spaß beim Experimentieren!

▶ **Kissenskizzen**
Aus einer Kombination von Siebdruck, Applikationen und Maschinenstickerei entstanden diese beiden Kissenbezüge. Der Hintergrund wurde mit Siebdruck gestaltet, die Schrift und die gekritzelte Kuh wurden von Hand auf die Seidengaze gezeichnet. Die übrigen Motive wurden appliziert bzw. aufgestickt.

◀ **Gepreßte Pflanzen**
Aus einem Stück Seidencrêpe wurde dieser Fransenschal mit Pflanzenmotiven gemacht. Der Stoff wurde zuerst mit einem Reservagemittel im Siebdruckverfahren gestaltet und dann mit händisch aufgetragenem Ätzfarbstoff verfeinert.

▶ **Auf den Hund gekommen**
Dieser Schal aus Seidensatin mit originellen Hundemotiven wurde im Siebdruckverfahren mit mehreren Säurefarbstoffen bedruckt, die dann durch eine weitere Farbschicht aus Sepia abgedunkelt wurden.

◀ **Zickzacklinien**
Orange- und Blauschattierungen bilden den Farbgrund dieser Decke. Die Zickzacklinien aus Kartoffeldruckmotiven wiederholen sich in den Grundfarben und bilden ein rhythmisches Muster.

IDEEN ZUM AUSPROBIEREN

▶ **Krawattenunikate**
Diese Seidenkrawatten wurden im Tafel- bzw. Siebdruckverfahren gestaltet. Verwendet wurden Reservagepaste und Reaktivfarbstoffe auf Kaltwasserbasis bzw. Metallpigmente.

▼ **Bedruckter Satin**
Dieser Satin wurde nach dem Bedrucken mit Reaktivfarbstoffen im Tafeldruck bzw. Siebdruckverfahren gewachst, dann wurden Muster eingekratzt und der Stoff mit Indigofarbstoff gefärbt.

▼ **Patchworkweste**
Diese auffallende Weste besteht aus Leinenflecken, die zuerst mit Wachsreservage gefärbt, dann im Siebdruckverfahren mit Pigmentfarbstoff bedruckt und schließlich mit Leder zusammengenäht wurden.

STOFFDRUCK

◀ In allen Farben schillernd
Hier wurde Seidensatincrêpe mit einer Mischung aus Reservage und Reaktivfarbstoffen auf Kaltwasserbasis im Siebdruckverfahren gestaltet und mit einer weiteren Farbschicht bedruckt, um Farbenvielfalt und Textur zu schaffen.

▶ Überschneidende Muster
Dieser Seidenchiffon wurde mit Reaktivfarbstoffen auf Kaltwasserbasis im Siebdruckverfahren bedruckt, dann folgte ein Druckvorgang mit transparentem sowie farbigem Ätzfarbstoff. Der Druckrahmen wurde jedesmal gedreht, wodurch die Farbüberschneidungen entstanden.

◀ Blue Hawaii
Mehrere Blauschattierungen sind die Zierde dieses Stücks Crêpe de Chine. Nach Bemalung von Hand mit Reaktivfarbstoff auf Kaltwasserbasis wurde das Ananasmotiv durch Siebdruck aufgedruckt. Dann folgte Siebdruck mit hellblauem Pigmentfarbstoff, um weitere Highlights zu setzen.

IDEEN ZUM AUSPROBIEREN

▶ **So ein Zinnober**
Hier wurde die Seide zunächst mit rotem Reaktivfarbstoff auf Kaltwasserbasis gefärbt und dann das Pferdemotiv und die Streifen mit Reaktivfarbstoff auf Kaltwasserbasis und Ätzfarbstoff im Siebdruckverfahren aufgedruckt. Sattel und Brusttasche wurden gesondert bedruckt.

▼ **Der Zahn der Zeit**
Diese Seidenschals wurden mit tiefblauem Reaktivfarbstoff auf Kaltwasserbasis gefärbt, dann wurden einzelne Stellen mit Ätzfarbstoff handbemalt. Die Uhrenmotive wurden zuletzt mit marineblauen und beigen Pigmentfarbstoffen im Siebdruckverfahren aufgedruckt.

◀ **Farnwedel**
Als Schablone für diese Kissenbezüge dienten Farnwedel, die auf ungebleichtem Kattun fixiert wurden. Der Stoff wurde grob mit einer Mischung aus blauer und grüner Stoffarbe auf Wasserbasis und einem dicken Pinsel bemalt.

Gutta- und Wachsreservage

....

Gutta und Wachs dienen dazu, die Ausbreitung von Farbe auf Stoff zu verhindern. Sie bilden für die flüssigen Farbstoffe undurchdringliche Barrieren und halten sie dadurch zurück. Mit Gutta gezogene Linien müssen zwar nicht dick sein, dürfen aber auch keine Unterbrechungen aufweisen, da die Farbe durch diese auslaufen kann. Das Ergebnis erinnert immer ein bißchen an das Blei in Kirchenfenstern – die übrigens gute Anregungen für Motive liefern – obwohl Sie Gutta auch zur Stoffarbe passend auswählen können, wodurch die Konturen nicht so ausgeprägt erscheinen. Es ist wichtig, daß Sie den Entwurf zuerst planen und dann auf dünne Seide abpausen oder mit einem Phantomstift vorzeichnen, so daß Sie beim Auftragen der Gutta nicht zaudern. Gutta verändert die Textur von Seide ein wenig, das gibt sich aber oft durch Waschen und Bügeln. Batikwachs wird beim Bügeln völlig entfernt und verändert den Griff des Stoffes nicht.

GUTTA- UND WACHSRESERVAGE

Leuchtende Vierecke

MATERIALIEN
Seidensatin
Gutta
Seidenfarben

WERKZEUGE
Holzrahmen
Dreizackstifte
Weicher Bleistift
Lineal
Applikatorflasche
Haartrockner
(nicht zwingend)
Künstlerpinsel
Bügeleisen

HELL WIE DAS ROSETTENFENSTER in der Kathedrale von Chartres leuchtet dieser Kissenbezug und ist dabei so einfach zu machen wie Malen nach Zahlen, nur mit einem schöneren Ergebnis. Die zarten Gutta-Konturen passend zum geordneten Design sind wichtiger Bestandteil des Ganzen. Gutta, eine Flüssigkeit, die Farbe umschließt und nicht auslaufen läßt, ist transparent oder in verschiedenen Farben erhältlich.

Wenn Sie eine ruhige Hand haben, können Sie direkt nach den Postkarten Ihres liebsten Hochaltars arbeiten oder Motive der mittelalterlichen Heraldik abkupfern. Maler des 20. Jahrhunderts wie Joan Miró und Roy Lichtenstein inspirieren eher den klaren, graphischen Stil und die Verwendung von Primärfarben. Wollen Sie einen lockereren Ansatz verfolgen, orientieren Sie sich an Reproduktionen von Paul-Klee-Werken aus der Leihbibliothek. Wie auch immer Sie sich entscheiden, probieren Sie die Arbeit mit Gutta zuerst auf einem Stoffrest aus, bevor Sie mit ihrem Werkstück aus Seide beginnen. Fehler lassen sich kaum mehr korrigieren und springen bei geometrischen Mustern besonders ins Auge.

Strahlend schön
An den Rändern mit bunten Dreiecken und Halbkreisen verziert und auf einem Hintergrund nüchtern-schwarzer Seide macht sich dieses Kissen durchaus positiv bemerkbar. Ein paspelierter Rand ist nicht notwendig, die Gutta verschließt das Gewebe, so daß es nicht ausfranst.

Mehr als nur vier Ecken
Eine kubistische Variation der Zielscheibe aus konzentrisch angeordneten Quadraten aus pulsierenden Farben bildet einen reizvollen Kontrast zum klassischen Op-Art-Blickfang in Schwarz-Weiß.

GUTTA- UND WACHSRESERVAGE

So bemalen Sie die Seide

Das Aufspannen der Seide ist der einzige unangenehme Teil der ganzen Sache, die eigentliche Malerei ist das reine Vergnügen.

Gutta und Seidensatin

Seidenfarben

1 Ein Stück Seide über einen Holzrahmen spannen. An einer Ecke beginnend die Webkante der Seide mit Dreizackstiften am Rahmen befestigen. Nacheinander alle Seiten im Abstand von 2,5 cm damit befestigen, so daß das Gewebe straff gespannt ist.

2 Ist der Stoff an allen vier Seiten gespannt, den Entwurf mit einem weichen Bleistift auf die Seide zeichnen. Gerade Linien mit dem Lineal ziehen. In unserem Fall handelt es sich um ein geometrisches Muster aus Quadraten, Bögen und Dreiecken.

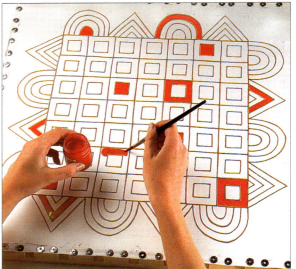

3 Die Applikatorflasche mit der Gutta senkrecht über die vorgezeichneten Linien halten und die Gutta unter gleichmäßigem Druck in einer geraden Linie auftragen. Alle Bleistiftlinien mit Gutta nachziehen und darauf achten, nichts zu verschmieren. Eine Stunde trocknen lassen oder mit dem Haartrockner fünf Minuten lang trocknen. Die Gutta ist trocken, wenn sie sich hart anfühlt und nicht klebt.

4 Mit dem Künstlerpinsel Seidenfarben auf die Seide auftragen. Die Farben breiten sich auf dem dünnen Stoff rasch aus und werden erst durch die Guttakonturen „gebremst". Jeweils eine Farbe pro Arbeitsgang auftragen und dabei die Farben gleichmäßig über den ganzen Stoff verteilen, so daß es nicht zu Konzentrationen der selben Farbe kommt.

LEUCHTENDE VIERECKE

5 Umrisse auf der Seide ausmalen. Rinnt eine Farbe über eine Guttalinie hinaus, Gutta darüber tupfen, um eine Ausbreitung zu verhindern. Wenn die Gutta getrocknet ist, die verronnene Stelle mit einer dunkleren Farbe übermalen. Die Farbe kann auch an der ausgelaufenen Stelle mit Wasser verdünnt und mit Küchenkrepp aufgesogen werden.

6 Mit weiteren Farben das Muster weiter aufbauen, bis alle Teile ausgemalt sind. Da die Farbe relativ stark verdünnt ist, dringt sie sofort ins Gewebe ein, und es ist nicht erforderlich, eine Farbe trocknen zu lassen, bevor die nächste aufgetragen wird. Achten Sie darauf, nicht in zwei nebeneinanderliegenden Quadraten dieselbe Farbe zu verwenden.

7 Nach Abschluß der Malarbeit die Seide an der Luft trocknen lassen oder die Trockenzeit durch Verwendung eines Haartrockners verkürzen. Wenn die Seide völlig getrocknet ist, zwei Minuten auf der Hinterseite bügeln, um die Farben zu fixieren. Die Seide kann nun zu einem Kissenbezug verarbeitet werden.

GUTTA- UND WACHSRESERVAGE

Tropische Tiefsee

MATERIALIEN
Rollierter Seidencrêpeschal
Seidenfarben auf Wasserbasis
Verdünnungsmittel
Gutta auf Alkoholbasis
Salz
Isopropylalkohol

WERKZEUG
Spannkrallen
Holzrahmen
Dreizackstifte
Schwamm
Künstlerpinsel
Applikatorflasche mit Feindüse
Wattestäbchen
Dampfofen

GUTTARESERVAGE, EINE FLÜSSIGKEIT, die Farben wie eine kleine Wand aufhält, ist ein hervorragendes Mittel, um die Farben bei der Seidenmalerei im Zaum zu halten. Das Endergebnis hängt jedoch wie beim Zeichnen stark von der Genauigkeit, der Breite und der Farbe der Linie ab. Die Guttakonturen brauchen nicht breit zu sein, sollten aber mit ruhiger Hand aufgetragen werden, so daß sie zart und nicht unterbrochen sind.

Die mit einer sehr feinen Spitze aufgetragenen, exakt gezogenen Guttalinien haben viel Einfluß auf die Zartheit des Musters. Das abstrakte Design entsteht zunächst dadurch, daß der Crêpe de Chine mit Farbe regelrecht überschwemmt wird. Die Farben erinnern an tropische Gewässer; sie wirken harmonisch abgestimmt, weil sie eng miteinander verwandt sind. Durch die einfache Verdünnung der Seidenfarben können unzählige Farbabstufungen erzielt werden, während Salzkörner und Alkoholtropfen den Farben Bewegung und Lebhaftigkeit verleihen. Üben Sie vorher diese verschiedenen Techniken, Sie gestalten später mit Sicherheit lockerer und flüssiger.

Wasserfarben
Mehr als nur ein Schal ist dieses Prachtstück in Blau und Grün, das an das Meer und die Palmenstrände ferner Atolle erinnert. Die traumhaften Farben lassen ein Inselparadies vor Ihren Augen erstehen – ein ideales Geschenk für die sonnenhungrige Freundin.

Wellen und Wedel
Diese gewundenen Farn- und Seetangkonturen wurden sorgfältig vor einem zarten und verschwommenen Hintergrund gemalt. Jede der Variationen wurde mit nicht mehr als vier oder fünf Farben komponiert, was ihren besonderen Reiz ausmacht.

GUTTA- UND WACHSRESERVAGE

So bemalen Sie die Seide

Farbige Flächen, die mit dem Schwamm aufgetragen wurden, verbinden sich mit zarten Guttalinien. Salz und Alkohol verstärken die Wirkung.

Rollierter Seidencrêpeschal und Gutta auf Alkoholbasis

Seidenfarben auf Wasserbasis

Salz, Verdünner und Isopropylalkohol

1 Mit den Spannkrallen einen Seidenschal in längeren Abständen am Rand des Rahmens befestigen, wobei Dreizackstifte als Fixierung im Holz dienen. Der Schal sollte gut gespannt sein. Seidenfarben nach Anleitung verdünnen. Dann blaßblaue Seidenfarbe mit einem Schwamm in willkürlich verteilten Flecken auf die Seide auftragen.

2 Mit dem Künstlerpinsel dunkleres Blau auf den Stoff auftragen, dabei einzelne hellblaue Bereiche aussparen. Jeweils nur kleine Farbmengen auftragen, da sich die Farbe rasch über den Stoff ausbreitet. Den Stoff gut trocknen lassen.

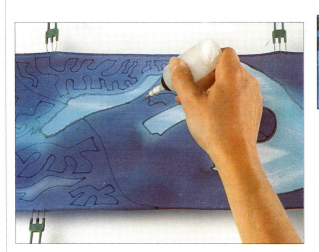

3 Mit der Feindüse der Applikatorflasche eine Guttalinie um die hellblauen Umrisse ziehen, um ihnen Konturen zu geben. Den Stoff durch weitere Guttalinien in diagonale Bereiche teilen. Motive in die dunkelblauen Stellen einzeichnen, die hellblauen nicht bearbeiten.

4 Auf jedem zweiten diagonalen Bereich den Hintergrund mit dunkler blaugrüner Farbe ausmalen, so daß sich die mit Gutta gezogenen Motive heller abheben. Daneben die mit Gutta umrandeten Motive dunkel blaugrün bemalen, dort bleibt der Hintergrund heller (siehe kleines Bild).

TROPISCHE TIEFSEE

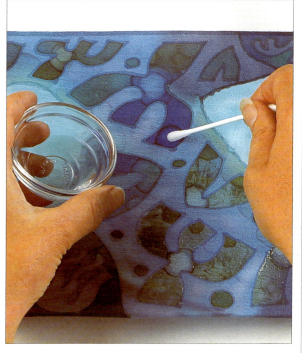

5 Um der Musterung zusätzlich Textur und Highlights zu verleihen, vor dem Farbauftrag in manchen diagonalen Abschnitten Salz über den Stoff verteilen. Beim Malen auf dem Salz entsteht eine schöner gefederter Effekt, weil das Salz den Grundfarbstoff in verschiedene Richtungen zieht. Diese Technik nach Lust und Laune wiederholen.

6 Isopropylalkohol im Verhältnis 1:1 mit dem Verdünner mischen. Ein Wattestäbchen in den verdünnten Alkohol tauchen und dann damit das gemalte Muster betupfen. Der Alkohol reagiert mit dem Farbstoff, indem er ihn verdrängt. So entstehen interessante Farbringe.

7 Ist die Seide trocken, die Farben durch 2 bis 3 Stunden Dämpfen (siehe S. 10) fixieren. Die genaue Zeit hängt von den Farbstoffen ab. Die Seide chemisch reinigen lassen, um Guttaspuren zu entfernen. Der Seidenschal ist jetzt fertig und kann Ihre Garderobe verschönern.

GUTTA- UND WACHSRESERVAGE

Kühle Batikbilder

MATERIALIEN
Baumwollstoff
Wachs (Mischung aus Bienenwachs und Paraffin)
Stoffarben

WERKZEUGE
Rahmen
Reißnägel
Bleistift
Wasserbad
Tjanting
Pinsel
Künstlerpinsel
Gummihandschuhe
Färbebad
Zeitungspapier
Küchenkrepp
Bügeleisen

WIE BEIM ARBEITEN mit Guttareservage hängt die Qualität des Ergebnisses beim Einsatz von Wachs als Mittel zum Begrenzen des Farbauftrags stark von der Zartheit der Linie und der Routine im Umgang mit dem Wachs ab. Es erfordert Geduld und eine klare Vorstellung davon, was man erreichen will. Vergessen Sie nicht, ein paar Skizzen zu machen und die Handhabung des Tjantings (ein federkielartiges Instrument mit einem Behälter für flüssiges Wachs) zu üben. Am besten fangen Sie mit etwas Einfacherem an – der Fisch entstand mit der Fertigkeit längerer Erfahrung. Für den Anfänger ist bereits die Bordüre ein Triumph.

Das wunderbar gezeichnete Motiv gewinnt durch das auflockernde Netz aus tintenblauen Linien, das durch gezieltes Verknittern des Stoffes im Färbebad entstanden ist. Die dunklen Linien und Flecken passen zum kühlen Unterwasserthema und verleihen dem Fisch Lebendigkeit. Sie können jedoch weggelassen werden, wenn Sie klare Formen bevorzugen. Lassen Sie sich von indischen Miniaturen und russischen Ikonen inspirieren.

Wachsfigur
Ein Fisch, der so spektakulär wirkt, muß einen Ehrenplatz an der Wand haben und als Kunstwerk bezeichnet werden. Die auf hochwertiger Baumwolle aufgetragenen Farben wirken durchscheinend, als würden sie von hinten beleuchtet. Diese Technik eignet sich auch gut für Lampenschirme oder Rolljalousien.

Nicht nur am Freitag
Diese Fische sind subtile Variationen zum Thema und wurden in ihrem ganzen Detailreichtum mit größter Sorgfalt gezeichnet – jede Nuance von Flosse und Kiemen stimmt und ist flüssig und ansprechend gestaltet.

GUTTA- UND WACHSRESERVAGE

So bemalen Sie die Baumwolle
Gehen Sie langsam an diese Arbeit heran – die Wirkung der verschiedenen Farbschichten erfordert sorgfältige Planung.

Baumwollstoff

Wachs (Mischung aus Bienenwachs und Paraffin)

Stoffarben

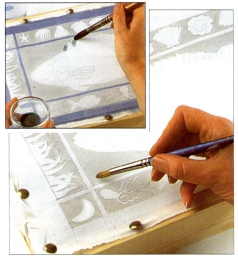

1 Den Baumwollstoff über den Rahmen spannen und mit Reißnägeln am Rand befestigen. Mit dem Bleistift den Entwurf auf den Stoff zeichnen. Wachs im Wasserbad schmelzen. Den Tjanting (siehe S. 86) in das heiße, flüssige Wachs tauchen und den Wachsbehälter füllen. Das heiße Wachs über die Bleistiftstriche auftragen, dabei langsam arbeiten, um gleichmäßige Linien zu erzielen.

2 Größere Flächen können mit dem Pinsel mit Wachs bedeckt werden. Alle gewachsten Stellen nehmen die Farbe nicht an und bleiben in der Grundfarbe des Stoffes. Danach mit Stoffarbe und Künstlerpinsel die hellsten Farben des Entwurfs auftragen (siehe kleines Bild). In unserem Fall sind die Bordüre und der Kopf des Fisches hellblau. Die Farbe trocknen lassen.

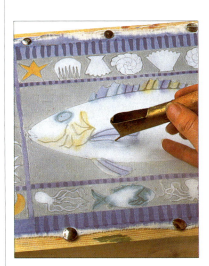

3 Mit dem Tjanting Wachs auf jene Stellen auftragen, auf denen sich die Farbe nicht mehr ändern soll. Hier kam Wachs auf die Konturen der Flossen und Teile der Bordüre.

4 Mit dem Künstlerpinsel das Motiv mit weiteren Farben ausgestalten. Sind Sie mit einem Element zufrieden, tragen Sie Wachs darauf auf, so daß es nicht mehr verändert werden kann.

5 Mit dem Tjanting Wachs in Form von kleinen Schuppen auf den Fischkörper auftragen. Nun ist der Großteil des Gewebes mit Wachs bedeckt.

KÜHLE BATIKBILDER

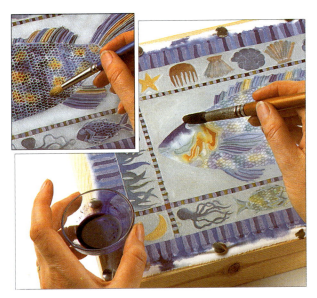

6 *Dunklere Farben auf einigen nicht gewachsten Stellen des Motivs auftragen. Hier werden der Seetang in der Bordüre und der Fischkopf in dunklem, grünlichem Blau bemalt. Sind Sie mit dem Bemalen fertig, tragen Sie Wachs auf dem ganzen Motiv auf (siehe kleines Bild).*

7 *Den Stoff vom Rahmen abnehmen. Mit Gummihandschuhen in ein Tauchbad aus dunkelblauer Stoffarbe eintauchen. Den Stoff etwa 10 Sekunden lang untergetaucht lassen, dann auf Zeitungspapier trocknen lassen. Überschüssige Farbe mit Küchenkrepp abwischen.*

8 *Mit dem Bügeleisen auf mittlerer Einstellung den trockenen Stoff zwischen zwei Bögen Zeitungspapier bügeln. Küchenkrepp auf den Stoff legen, so daß sich nichts vom Zeitungspapier durchdrücken kann. Das Bügeleisen schmilzt das Wachs, das vom Papier aufgenommen wird. Weiterbügeln, bis keine Wachsspuren mehr sichtbar sind. Das Bügeln entfernt nicht das gesamte Wachs, jedoch genug, daß das Batikbild gerahmt werden kann.*

GUTTA- UND WACHSRESERVAGE

Ideen zum Ausprobieren

Das Arbeiten mit Gutta- oder Wachsreservage verleiht Ihren Arbeiten klare Konturen. Darum sind diese Methoden bei denen beliebt, die gerne malen und mit kleinen Details gestalten. Wie Sie an den Beispielen sehen, können sie auch an großflächigeren, farbenfrohen Motiven angewendet werden. Setzen Sie sich also ein Ziel, nehmen Sie den Tjanting und fangen Sie an!

▶ **Buntes Stilleben**
Eine Guatemala-Reise war die Inspiration für dieses farbenprächtige Bild (rechts), ein Tauchgang regte zur Gestaltung eines zweiten an (unten). Beide wurden mit transparenter Gutta und Seidenfarben auf Japon gemalt.

◀ **Brillante Farben**
Realistische Motive in strahlenden Farben sind das Markenzeichen dieser Künstlerin. Sie arbeitet auf weißer Seide mit Gutta und Seidenfarben auf Acrylbasis. Die Motive sind vielfältig: Tiere auf Westen (links), buntes Gemüse (unten) und Fische oder Blumen auf Krawatten (rechts).

IDEEN ZUM AUSPROBIEREN

▲ Bilder und Karten
Der Stoff für diese Arbeiten wurde in Batiktechnik gefärbt. Wachskonturen wurden mit dem Tjanting auf das Gewebe (Seide für das Bild, Baumwolle für die Grußkarten) aufgetragen und die Seidenfarben dann mit dem Pinsel zwischen die Wachslinien gemalt. Die Farben wurden dabei leicht verwischt, um einen malerischen Effekt zu erzielen.

▶ Geometrisches Design
Dieses auffallende Chiffontuch zeigt, wie wirkungsvoll einfache Muster sind, die mit Gutta gestaltet werden. Der Stoff wurde mit Quadraten, Dreiecken und Tupfen aus Seidenfarben bemalt. Die dünnen Gutta-Konturen teilen die Motive und betonen die verschiedenen Bereiche.

GUTTA- UND WACHSRESERVAGE

◀ **Ein Regenbogen von Farben**
Dieser lebhafte Seidenschal hat etwas von allen Spektralfarben, die sich als Seidenfarben zu einem atemberaubenden Muster aus Karos, Vierecken, Wellen und Punkten verbinden. Die Gutta-Konturen geben den geometrischen Motiven klare Linien.

▲ **Paisley-Muster**
Angeregt durch indische Holzschnittmuster wurden diese Seidenschals mit Batiktechnik gestaltet. Zunächst wurden die Wachskonturen mit dem Tjanting auf den Stoff aufgetragen, dann die ungewachsten Stellen mit Reaktivfarbstoffen auf Kaltwasserbasis bemalt.

◀ **Batiklandschaft**
Mit Batik läßt sich auch eine Waldlandschaft voller Glockenblumen schaffen. Wachs und Farbstoffe fangen Licht und Schatten auf eine Weise ein, wie sie sonst in der Stoffmalerei nicht möglich ist.

▶ **Gemalte Motive**
Hier wurden Motive in Reservagetechnik auf Seide gestaltet und gemalt. Ein Schal ist mit Sternen, Kreisen und Punkten gemustert (oben), der andere mit stilisierten Blüten und Blättern (rechts).

IDEEN ZUM AUSPROBIEREN

▲ Erstaunliche Bilder
Eine weibliche Phantasiegestalt und scheinbar schwebende Federn zieren diese beiden Crêpe-de-Chine-Schals. Für den Hintergrund wurden Seidenfarben mit dem Schwamm dünn aufgetragen, dann wurden die Konturen der Motive mit Gutta aufgetragen und mit Seidenfarben gemalt.

▶ Florales Fest
Dieses gebatikte Blumenbild wurde ebenfalls mit heißem Wachs und dem Tjanting vorbereitet und dann mit dem feinen Künstlerpinsel und einer Vielfalt von Farben ausgestaltet. Es zeigt, wie detailreich man in dieser Technik arbeiten kann.

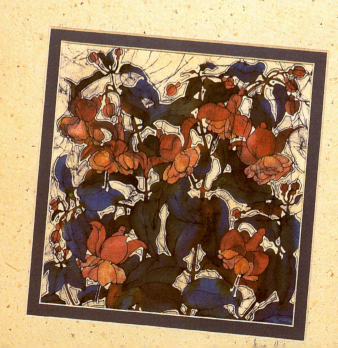

Mitarbeiter

Die Autorin
S. 40 Mitte

Philippa Bergson
S. 92 oben links und unten rechts
Tel: 01986 784337
Church Cottage
Cookley, Halesworth
Suffolk IP19 0LW

Kate Blee
S. 18–21; S. 39 Mitte links
Tel: 0171-354 8676
182 Highbury Hill
London N5 1AU

Johanna Brinkworth
S. 78–81
Tel: 01257 277766
81 Weldbank Lane
Chorley
Lancashire PR7 3NN

Alison Britton
S. 91 oben rechts
Tel: 01365 324499
The Buttermarket
Down Street
Enniskillen
Co Fermanagh
Northern Ireland BT74 7DU

Kirstine Chaffey
S. 26–29; S 75 oben rechts
Tel: 0181-287 5228
16a Morley Road
East Twickenham
Middlesex TW1 2HF

Maria Chambers
S. 52–55, S. 72 unten links
Tel: 01373 832076
Park Barn Cottage
Corsley
Nr Warminster
Wiltshire BA12 7QH

Philippa Crawford
S. 40–41 oben; S. 41 unten links
Tel: 0131-557 0109
26 Drummond Place
Edinburgh EH3 6PN

John Everden
S. 92 oben rechts
Tel: 01782 644011
52 Parkway
Dairyfields
Trentham
Staffordshire ST4 8AG

Jane Fox
S. 56–59
Tel: 01273 608174
19 Rochester Street
Brighton
East Sussex BN2 2EJ

Jane Hickman
S 86–89, S. 93 unten rechts
Tel: 01568 760461
Rose Villa
Poplands Lane
Risbury, Nr Leominster
Herefordshire HR6 0NN

Rachel Howard
S. 72–73 oben
Tel: 0181-986 9889
22 Thomas House
Morning Lane
London E9 6LB

Clarissa Hulse
S. 39 oben rechts; S. 72 Mitte
Tel: 0171-916 4640
Studio W11
Cockpit Yard Workshops
Cockpit Yard
Northington Street
London WC1N 2NP

Claire Jobson
S. 73 unten links
Tel: 01325 481969
20 Linden Avenue
Darlington
Co Durham DL3 8PP

Jane Keeley
S. 75 unten
Tel: 01273 683610
54 Maseking Road
Brighton
East Sussex BN2 4EL

Louise Kilner
S. 68–71
Tel: 01203 417223
18 Roman Way
Finham, Coventry
Warwickshire CV3 6RD

Alexandra Lacey
S. 41 oben rechts
Tel: 01600 890958
The Thatch
Coppett Hill
Goodrich, Ross-on-Wye
Herefordshire HR9 6JF

Fiona Layfield
S. 72 unten rechts
Tel: 0171-336 7832
Unit 361
Clerkenwell Workshops
27 Clerkenwell Close
London EC1R 0AT

Helen Leaver
S. 73 unten rechts
Tel: 01772 39365
25 Coniston Drive
Walton-le-Dale, Preston
Lancashire PR5 4RN

Jacky Linney
S. 14–17
Tel: 01986 784402
Holly Tree Farm
Walpole, Halesworth
Suffolk IP19 9AB

Maggi McNeill
S. 48–51
Tel: 0141-429 7279
12 Maxwell Terrace
Glasgow G41 5HT

Kim Meyer
S. 90 unten
Tel: 0171- 209 3450
Studio 6
Cockpit Workshops
Cockpit Yard
Northington Street
London WC1N 2NP

Trisha Needham
S. 22–25; S. 39 Mitte rechts, S. 41 unten rechts; S. 91 unten
Tel: 0171-274 4116
Clockwork Studios
38B Southwell Road
London SE5 9PG

Jenny Nutbeem
S. 30–33; S. 38 oben links
Tel: 01728 668624
Boxers
North Green
Kelsale
Saxmundham
Suffolk IP17 2RL

Ruth Pringle
S. 44–47
Tel: 01242 604233
The Studio
Sudeley Castle
Winchcombe
Gloucestershire GL54 5JD

Mandy Pritty
S. 38 unten links
Tel: 0171-249 0038
76 Carysfort Road
London N16 9AP

Nahid Rahman
S. 38 oben rechts
Tel: 0956 324626
Broadway Studios
28 Tooting High Street
London SW17 0RG

Victoria Richards
S. 74 rechts
Tel: 0171-737 8009
3 Clockwork Studios
38 Southwell Road
London SE5 9PG

Rosi Robinson
S. 92 unten links
Tel: 01444 471584
High Pines
Hundred Acre Lane
Wivelsfield Green
East Sussex RH17 7RS

Lichen Rowson
S. 74 oben links
Tel: 0171-794 3761
Flat 4, 52 Crediton Hill
London NW6 1HR

Hilary Simon
S. 90–91 oben
Tel: 0181-672 2714
5 Charlmont Road
London SW17 9AL

Lucie Simpson
S. 40 unten; S. 75 Mitte
Tel: 00353 5661804
The Crescent Workshop
Castle Yard, Kilkenny
Ireland

Sally Weatherill
S. 73 oben rechts
Tel: 0171-249 0828
22 Carysfort Road
London N16 9AL

Isabella Whitworth
S. 82–85; S. 93 oben
Tel: 01235 527636
4 Kingfisher Close
Abingdon
Oxfordshire OX14 5NP

Sophie Williams
S. 34–37, S. 40 oben links
Tel: 0171-639 7524
91 Lausanne Road
London SE15 2HY

Hilary Windridge
S. 60–63; S. 74 oben links
Tel: 01286 673482
4 Bryngwyn Terrace
Ceunant, Caernarfon
Gwynedd LL55 4RH

Alexandra Woods
S. 64–67
Tel: 01252 621044
Drey House
Queen Mary Close, Fleet
Hampshire GU13 8QR

Natalie Woolf
S. 38-39 unten
Tel: 0113242 2297
10 Wharfedale Street
Leeds LS7 2LF

Index

A
Abbinden und Färben 30–33, 39
Ätzfarbstoff 34, 39, 60, 68, 72

B
Batik 9, 86–89, 91–93
Batikbild (Fischmotiv) 86–89
Baumwolle 6, 9
    Bemalen/Färben 14
    Reservagetechniken 86–89, 91
    Siebdruck 44, 52, 56, 64, 75
Bilder 86–89, 90, 91, 92, 93
Bügeln 6, 89

C
Chiffon 39, 74, 91
Crêpe 60, 68, 72, 74, 82, 93

D
Dampffixierte Farben 6–7, 9, 11
Decken 22–25, 72
Druck 9, 43–75
    Kartoffeldruck 9, 43, 52–55, 72
    Linoldruck 9, 60–63
    Polystyroldruckplatte 9, 48–51
    Siebdruck 9–11, 43–51, 56–59, 64–75

E
Eisen(II)sulfat 30–33, 38

F
Farbe 6–7
    Ausbreitung 7, 77, 81
    lichtechte 7
Farben auf Wasserbasis 6, 9
Färben
    siehe Malen und Färben
Fixieren 6–7, 9, 11
Flachbettbezug 40
Federn 6, 8, 50

G
Georgette 60, 74
Grundierung 7, 39
Grußkarten 91
Gutta 7, 9, 77–85, 90–93

H
Hemden 56–59, 75

I
Indigofarbstoff 30–33, 38, 73
Isopropylalkohol 85

K
Kartoffeldruck 9, 43, 52–55, 72
Kattun 14, 38, 75
Kissen
    Bemalen/Färben 34–37, 38, 41
    Guttareserve 78–81
    Siebdruck 44–47, 68, 72, 75
Kissenbezug mit leuchtenden Vierecken 78–81
Kissenbezug mit Wappentier-schablone 44–47
Konfettibunte Seidentücher 60–63
Krawatten 26–29, 41, 73, 90
    mit tollem Tiermotiv 26–29

L
Leinen 6, 9, 73
Lichtechte Farben 7
Linoldruckplatte 9, 60–63

M
Malen und Färben
    Kissenbezüge 34–38, 41
    Krawatten 26–29, 41
    Rolljalousie 14–17
    Schals und Tücher 18–21, 30–33, 62, 74, 75
    Überwurf 22–25
    Weste 38
Markierungen (Rapport) 10–11, 68
Marmorierter Seidenschal 68–71
Materialien 8–9
Muster 11, 43, 60, 70

N
Naturfasern 6
Nylon 6, 9

P
Photokopierte Entwürfe 10, 11, 28, 38, 56
Pinsel 7, 8
Polystyroldruckplatte 9, 48–51

R
Rayon 9
Reaktivfarbstoffe 6, 26, 60, 68
Reservagetechniken 9, 30, 41, 72, 73
    Gutta 7, 9, 77–85, 90–93
    Wachs 7, 9, 73, 77, 86–93
Rolljalousien 14–17, 86

S
Salz 30, 33, 38, 85
Samt 34–37, 38–40
Säurefarbstoffe 6, 18, 22, 34
Schablonen 9, 10
    siehe auch Siebdruck
Schals und Tücher
    Bemalen und Färben 18–21, 30–33, 39, 40, 75
    Linoldruck 60–63
    Reservagetechniken 82–85, 91–93
    Siebdruck 68–71, 72, 74
Schicke Streifen auf Seidenschal 18–21
Schultertücher 39, 60
Schwämme 7, 9, 46, 82
Segeltuch 9, 39, 64
Segeltuchsessel für den Strand 64–67
Seide
    Bemalen/Färben 18–21, 26–33, 38, 40–41, 75
    Farben 6, 9
    Linoldruck 60–63
    Reservagetechniken 78–81, 82–85, 90–93
    Siebdruck 48–51, 68–71, 72, 73, 74, 75
Seidengaze 9, 10–11
Sesselbezüge 9, 64–67
Sicherheit 6, 7, 8, 34
Siebdruck 9–11
    Hemden 56–59, 75
    Kissenbezüge 44–47, 72
    Krawatten 26–29, 73
    Sitzbezug 64–67
    Tücher und Schals 40, 68–71, 72, 74, 75
    Vorhänge 48–51
    Weste 73
Stecknadeln 8
Stoff
    Arten 9
    Stofffarben 6, 9
    Vorbereitung 8

T
Tafeldruck 73
    Kartoffeldruck 9, 43, 52–55, 72
    Linoldruck 9, 60–63
    Polystyrol-Drucktafel 9, 48–51
Techniken 10–11
Teefärbung 48, 50
Tiefseemotiv auf Schal 82–85
Tischtuch 52, 55
Tischtuch in Kartoffeldruck 52, 55
Tjanting 9, 30, 86, 92, 93
T-Shirt mit Siebdruckmotiven 56–59

U
Überwürfe 22–25

V
Verdickungsmittel 7
Viskose 9
Vorbereitungen 8
Vorhänge 48–51, 68
Vorhänge aus transparenter Seide 48–51

W
Wachsreservage 7, 9, 77, 86–93
Wandbehänge 41, 73, 90
Werkzeuge 8–9
Westen 38, 73, 90
Wolle 6, 9, 22, 39
Wolldecke 22–25

Danksagung

Kostbarkeiten – das ist wohl die beste Beschreibung für alle Stoffe in diesem Buch. Textilkünstler bei der Arbeit zu beobachten, wenn sie ihrer Kreativität freien Lauf lassen, ist eine aufregende Sache. Alle gingen an die schwierige logistische Aufgabe, Verfahren Schritt für Schritt zu photographieren, mit Begeisterung und Köpfchen heran. Die Ergebnisse ihrer Mühen sollten auch den ungläubigsten Thomas davon überzeugen, daß Schönes – besonders, wenn man es anziehen kann – lange Freude bereitet. Die ungeheure Aufgabe, diese Vielzahl an Talenten zu koordinieren, übernahm wieder Heather Dewhurst. Wie immer erwies sie sich nicht nur als unfehlbarer menschlicher Computer mit unglaublicher Speicherkapazität, sondern auch als ruhender Pol. Clive Streeter machte Photographie zum Leistungssport und kletterte behende die Leiter hinauf und hinunter, als gäbe es olympisches Gold dafür. Jedes seiner Bilder zeugt von seinem Einfallsreichtum und seiner Professionalität. Andy Whitfield versorgte uns mit den lebensnotwendigen Aufbaustoffen und sorgte dafür, daß alles funktioniert. Ali Edney stellte originelle Requisiten her, damit die fertigen Stoffe würdig präsentiert werden konnten, Marnie Searchwell verwandelte den komplizierten Cocktail aus Worten und Bildern (die sie mit unbestechlichem Auge bis ins letzte Detail einer genauen Prüfung unterzog) in dieses wunderbare Buch. Mit einem solchen Team und einem so wunderbaren Thema war die Produktion des Buches ein wahres Vergnügen. Von allen, die mich beraten haben, verdienen die Mitarbeiter von George Weil in der Londoner Hanson Street besondere Erwähnung.

Die folgenden Firmen stellten freundlicherweise Requisiten für die Photos zur Verfügung:

Candle Makers Supplies
28 Blythe Road
London W14 0HA
Tel: 0171-602 4031
Künstlerbedarf und Stoffarben

Cowling & Wilcox
26-28 Broadwick Street
London W1V 1FG
Tel: 0171-734 5781
Künstlerbedarf

Farrow & Ball
33 Uddens Trading Estate
Wimborne, Dorset BH21 7NL
Tel: 01202 876141
*Matte Emulsionsfarbe „Old White"
auf S. 49 und 87*

Liberty
Regent Street
London W1R 6AH
Tel: 0171-734 1234
*Schalen auf S. 31,
Seidenkissen auf S. 79*

Liberty Furnishings
3 Chelsea Harbour Design
Centre
London SW10 0XE
Tel: 0171-349 5500
Baumwollchenille auf S. 79

Phillips Carpets
250 Staines Road
Ilford, Essex IG1 2UP
Tel: 0181-507 2233
Seegrasmatte auf S. 35 und 57

Purves & Purves
80-81 & 83 Tottenham Court Rd
London W1P 9HD
Tel: 0171-580 8223
Glaswaren auf S. 53

James Smith & Sons
Hazelwood House
53 New Oxford Street
London WC1A 1BL
Tel: 0171-836 4731
Schirm auf S. 69

Spread Eagle Antiques
8 Nevada Street
London SE10 9JL
Tel: 0181-305 1666
Silberdose auf S. 61

Stuart R Stevenson
68 Clerkenwell Road
London EC1M 5QA
Tel: 0171-253 1693
Japanische Pinsel auf S. 31

The V & N
29 Replingham Road
London SW18 5LT
Tel: 0181-874 4342
*Vergoldete Vorhangstangenhalter
auf S. 49,
französische Metallsessel auf S. 53*

George Weil and Sons
18 Hanson Street
London W1P 7DB
Tel: 0171-580 3763
Künstlerbedarf und Stoffarben

Winsor & Newton
51 Rathbone Place
London W1P 1AB
Tel: 0171-636 4231
Künstlerbedarf